Niki de Saint Phalle

ニキ・ド・サンファル
Niki de Saint Phalle

監修・文 ニキ美術館 館長 増田静江

美術出版社

Dearest YOKO,

our meeting was a very special one. It was a meeting of destiny. We had no choice. We were meant to meet. I know that you feel that we knew each other in a former life and I also had a very strange feeling when I met you for the first time. I was excited and enthusiastic to meet you. I found it difficult to Relate to your adoration of me and my work. It scared me and made me feel seperated from you and isolated by the pedestal you had put me on. You had a special Relation to my daughter Laura and I told her your admiration made me feel nervous.

Laura suggested I ask you to sing one of Peggy Lee's songs for me next time I saw you. You did a brilliant imitation

of her. It worked like a charm.
I discovered another Yoko. You were
a great performer and reminded me of
Giulietta Masina.

Yoko, you told me one day you
felt you were very mean to me in a
former life. I always had the feeling that
I was burnt unfairly as a witch in a
former life and that this was the reason
that I was given the priviledge to be an
artist who did unusual things. You told
me that you felt you were the judge
who sent me to be burned at the stake.
That this was part of our Karma.

Whatever happened between us in a
former life Yoko has been repaired. You
have played a very important role in my
life. Because of your belief in my work
you created a whole museum for me
and created a huge interest for my work
in Japan. Never could I have dreamed

as a young woman that one day I would be known and loved in Japan. Did I live in Japan in a former life? Would that explain the strong calligraphic quality in my painting and drawings?

Yoko I love you, the way you dress, your elegance, your uniqueness. Your love for my work touches me today. I also appreciate that you have an excellent eye, rarely choosing the obvious pieces. Of course you like the Nanas as everyone does, but you also choose dificult pieces. You like my journey through art, my changes and developments. You did not get stuck in one period of my work. Yoko, you have collected a unique set of pieces, the largest in the world. You may be under my spell but I am also under yours.

I cannot say exactly what you represent for me because it remains shrouded in mystery, yet I feel you have an intuitive sense of me, as though we were blood sisters. It is a strange singular Relationship. You are also a bit crazy like me!

Your husband made the museum in a tradional Japenese style which melds very well with the landscape. I was worried how my work would fit in. Even though this is an unexpected marriage it is one that works.

I like your courage and tenacity and your passionate soul. You are a unique extradinary person who lives through your visions. Our strange story is not over yet. I feel there are many unexpected things to come.

Last night I had a dream. We were in our next life. You were a famous singer and I was your greatest fan! Yoko I salute you.

april 19, 1998   Niki de Saint Phalle

親愛なるYoko,

　私たちの出会いはとても特別なものでしたね。それは運命的な出会いでした。出会う以外なかったのです。私たちの出会いは約束されていたのですから。私たちが前世で互いを知っていたと、あなたは感じていますね。私もあなたに初めて会ったとき、とても不思議な気持ちがしました。あなたに会うのがとても嬉しくて、わくわくしました。でも、私と私の作品にたいするあなたの憧憬に理解しがたいものを感じたことも確かです。あなたの憧憬は私に恐怖を与え、あなたによって祭壇の上に奉られることで私とあなたの間に距離ができ、私が孤立するように思われたからです。私の娘ローラとあなたはとても気が合っていましたよね。だから彼女に、あなたの私への称賛にとまどいを感じていることを話しました。

　それなら次に会う時にペギー・リーを唄ってもらったら、とローラは提案してくれました。そして唄うあなたときたら、本当にリーそっくり。まるで魔法のようでした。それまでとはまったく違うYokoがそこにいました。あなたは、すばらしい役者。ジュリエッタ・マッシーナのよう。

　Yoko、あなたは自分が前世で私をとてもつらい目に会わせたに違いないと言ってましたね。私はずっと以前から、自分が前世で魔女として不当に火あぶりにされたのだろうと、いつも感じてきていました。そしてそれが、芸術家としていくつかの特別なことを成す特権が私に与えられた理由なのだとも。あなたは自分が私を火あぶりの刑に処した裁判官だったように思えると言いましたね。これが私たちのカルマの一部であったのだと。

　前世で私たちの間にあったことが何だったにせよ、Yoko、関係は修復されたのよ。あなたは私の人生でとても大切な存在です。私の作品への信頼を貫いて、あなたは私のために美術館を一からつくり上げ、私の作品への日本での関心を大きく高めてくれました。若かったころ、自分が日本で名を知られ、愛される日が来るなんて夢にも思っていませんでした。私は前世で日本に住んでいたのでしょうか。私の絵画やスケッチに色濃く現れる書道に通じた線の動きは、そこから来るのでしょうか。

　Yoko、あなたが大好き。あなたの洋服のセンスや、あなたの優雅さ、あなたの個性が好き。私の作品へのあなたの愛に、胸を打たれます。凡庸なものを選ぶことのない、あなたのすばらしい鑑識眼に敬服します。あなたはもちろん、皆と同じようにナナのことが好きだけれども、他の難解な作品や、私の芸術を通した模索の旅、変化、発展に愛着を示してくれます。特定の時期の作品だけにこだわることをしませんよね。Yoko、あなたは私の作品を独特な形で集めました。それは世界最大のコレクションとなったのです。あなたは私に魔法をかけられたと思っているかもしれないけれど、私もあなたの虜なのです。

　私にとってあなたが何を象徴しているのかは、はっきりと表現できません。まだ神秘に覆われているからです。でも、血のつながった姉妹どうしであるかのように、あなたが私を直観的に理解しているように感ずることは確かです。私たちの間にあるのは、不思議で、ごく稀にしかない関係なのです。あなたは私と同じで、ちょっとクレージーなところもありますよね。

　あなたのだんな様は美術館を、まわりの景観と融け合う伝統的な日本式建物にしました。私の作品がどのようにそこに収まるのか当初は不安でした。（西欧の作品と日本建築の）意外な結婚ではありましたが、見事に成功しました。

　あなたの勇気、ねばり強さ、そして情熱的な魂が好きです。あなたは自分のヴィジョンを実現しながら生きる、ユニークでたぐい稀なる人です。私たちの不思議な物語はまだ終わってはいません。これからもいろいろなことが起こる予感がします。

　昨夜、夢を見ました。来世での私たちが出てきました。あなたは有名な歌手で、私は一番のファン！Yoko、あなたに心からの敬意を贈ります。

1998年4月19日

ニキ・ド・サンファル

目次 contents

作品
works

射撃
Tir
1961
wood, plaster, assemblage, painting by shoot
195×159×15cm .

カテドラル
Cathedral
1962
wood, plaster, assemblage
105×80×25cm

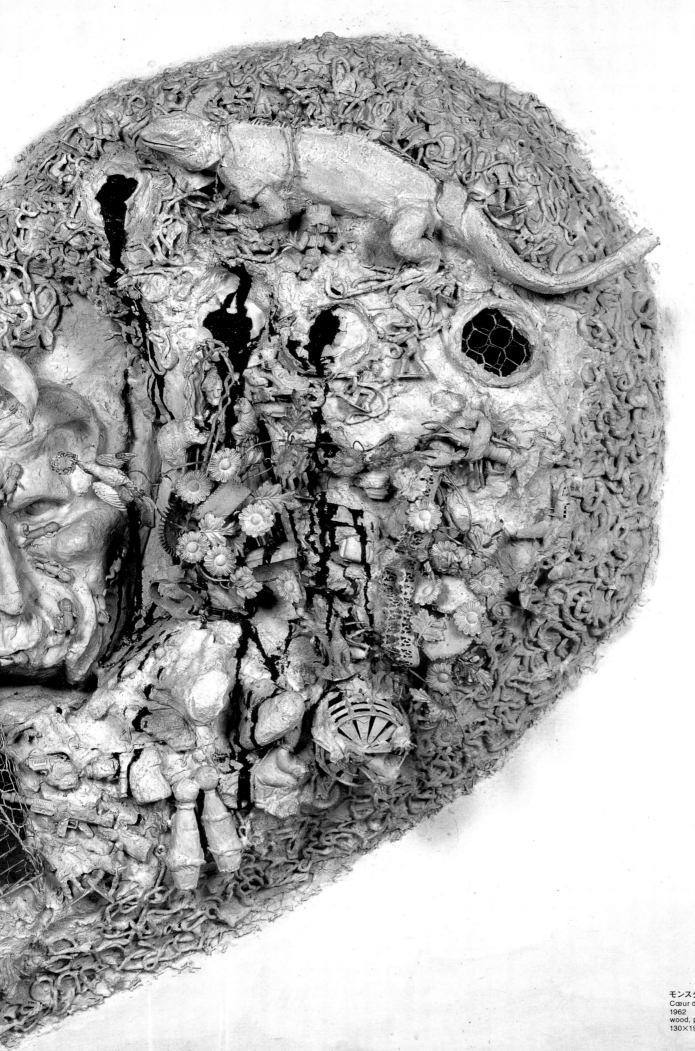

モンスターのハート
Cœur de Monstre
1962
wood, plaster, assemblage, dripping by shoot
130×195×25cm

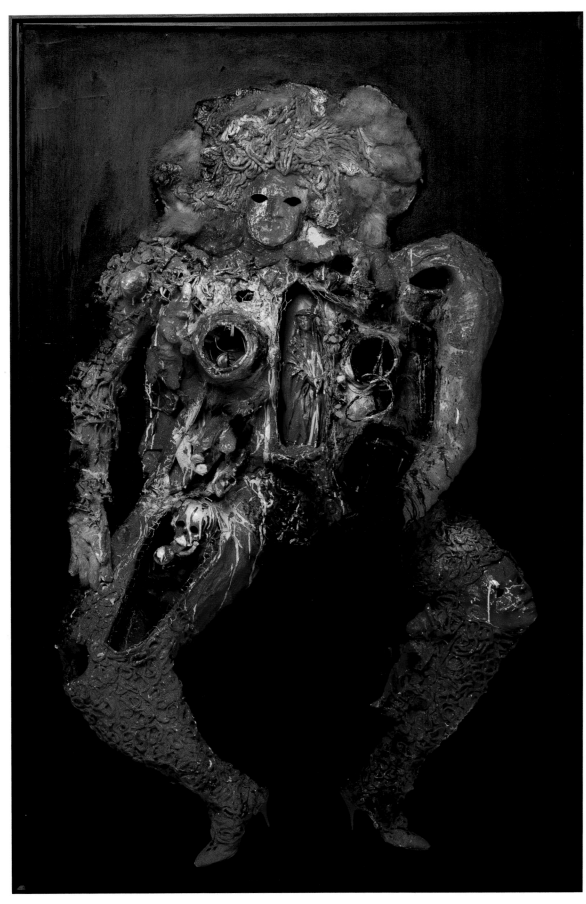

赤い魔女
Sorcière Rouge
1962-63
wood, plaster, assemblage, painting by shoot
198×122×25cm

〈小さなクラリス〉及び「出産」の為のドローイング
Drawing for the 〈Petite Clarice Noire〉 and "Birth"
1965
drawing with ball-point pen, pen, pencil, color pencil, collage on paper
35.5×45cm

5 FRANCS

5 FRANCS

《ばら色の出産》の為のドローイング
Drawing for the 〈L'accouchement Rose〉
1964
drawing with ball-point pen, pen, pencil,color pencil, collage on paper
41×45.5cm

エヴァ・エベリの肖像
Portrait of Eva Aeppli
1963-64
wood, assemblage
128×120×30cm

最初のナナたち
Une des Premieres Nana en Laine
1965
papier-mache, wool, resin
75×92×75cm

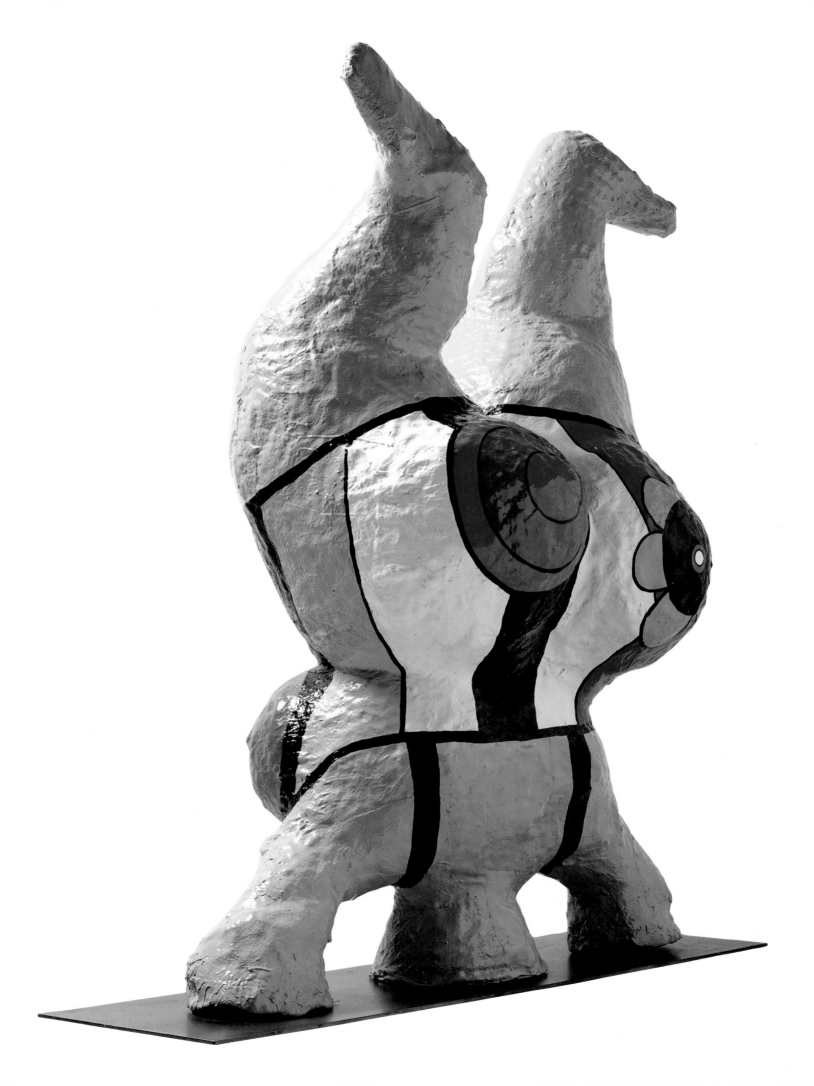

逆立ちするナナ
Upside-down Nana
1967
polyester, lacquer painting, iron base
188×128×95cm

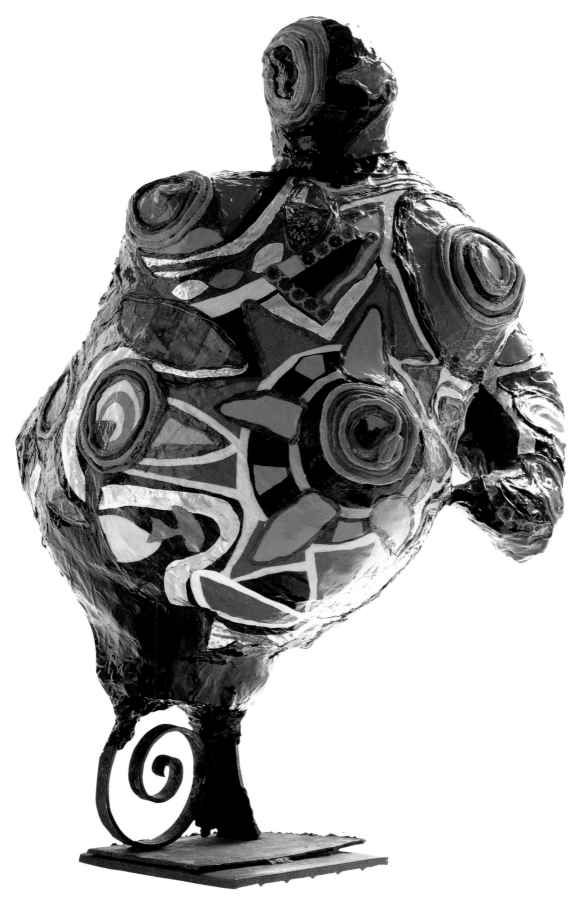

小さなクラリス
Petite Clarice Noire
1964-65
papier-mache, wool, fabric, acrylic painting, iron base by J. Tinguely
77×45×45cm

小さなアクロバット
Petite Acrobate
1970-80
polyester, vinylic painting, oil pastel, iron base by J.Tinguely
45.5×21×21cm

昨晩夢をみた
Last Night I Had a Dream
1968
polyester, vinylic painting
18 pieces

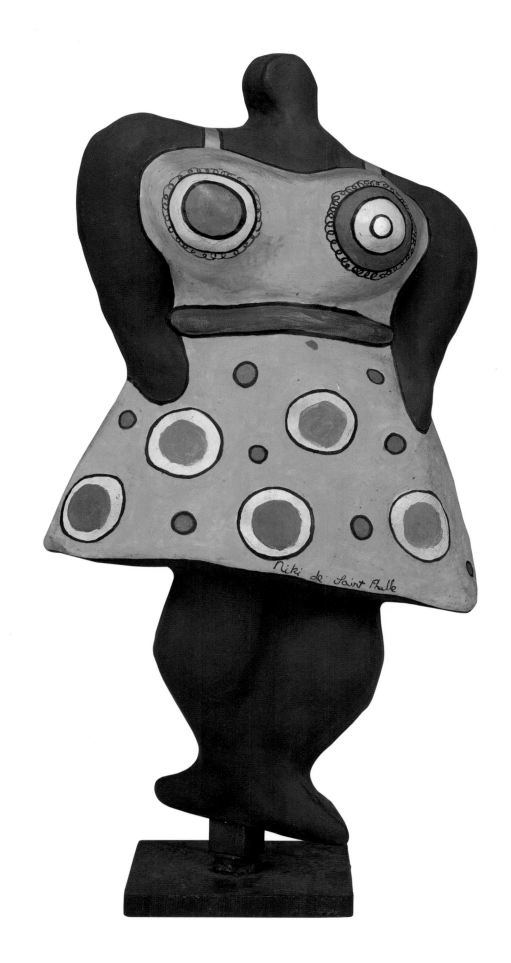

小さなワルダフ
Petite Waldaff
1966
papier-mache, acrylic painting, iron base
63×30.7×17.7cm

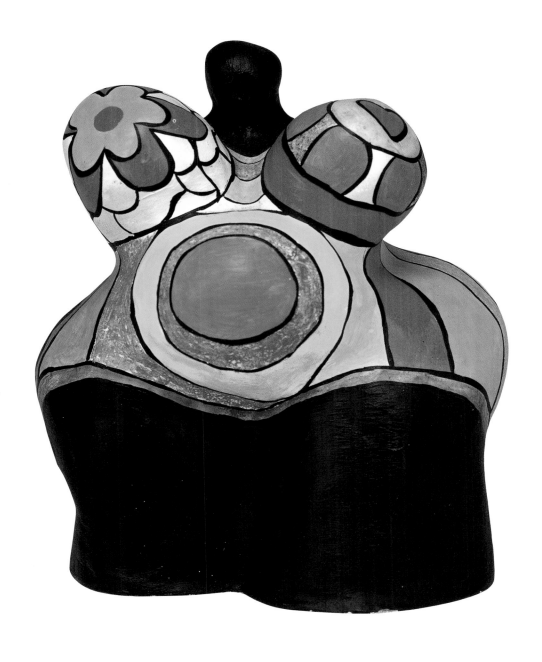

クラリス
Clarice
1969
plaster, vinylic painting, color pencil
13.8×12.3×12.1cm

グウェンドリン
Gwendolyn
1966-90
polyester, polyurethane painting, iron base
262×125×200cm

白い踊るナナ
Nana Blanche Dansante
1971
polyester, lacquer painting, iron base
100×147×56cm

ビッグ・レディ
Big Lady
1968-95
polyester, teflon acrylic painting and
satined teflon varnishing, iron base
250×157×80cm

ゴルゴ・イン・ニューヨーク
Gorgo in New York
1972
acrylic painting and pencil on paper on canvas
225×310cm

恋する鳥
L'oiseau Amoureux
1972
polyester, vinylic painting, gold leaf, color pencil, oil pastel
44×40×18cm

わたし
Ich
1968
silkscreen
60.5×108cm, 60.5×108cm, 60.5×124.5cm, 60.5×127.5cm, 60.5×113cm, 60.5×81.5cm

ビッグ・ヘッド
Big Head
1970
polyester, lacquer painting
245×223×100cm

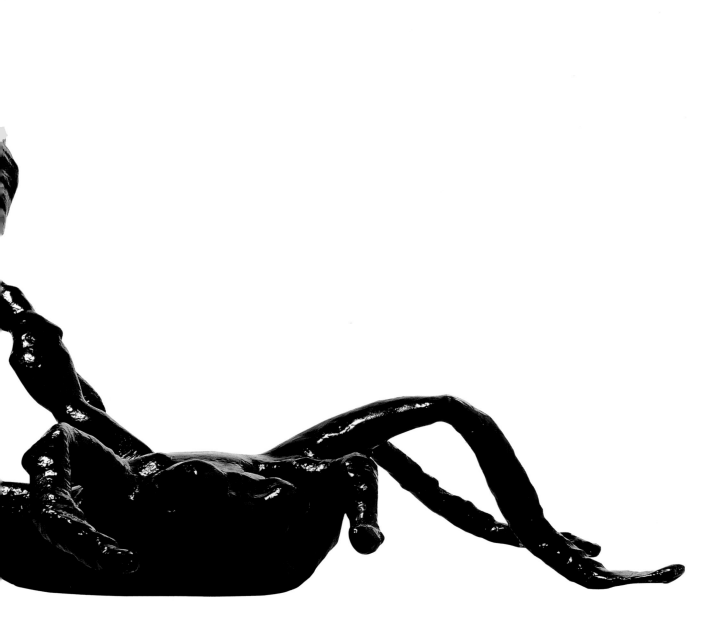

日曜日の散歩
Le Promenade du Dimanche
1971
polyester, lacquer painting
200×185×215cm

あるカップル
Le Couple
1978
polyester, vinylic painting, gold mud,
color pencil, oil pastel
222×161×130cm

教会
Church
1978
polyester, vinylic painting, color pencil, oil pastel
34×63×27cm

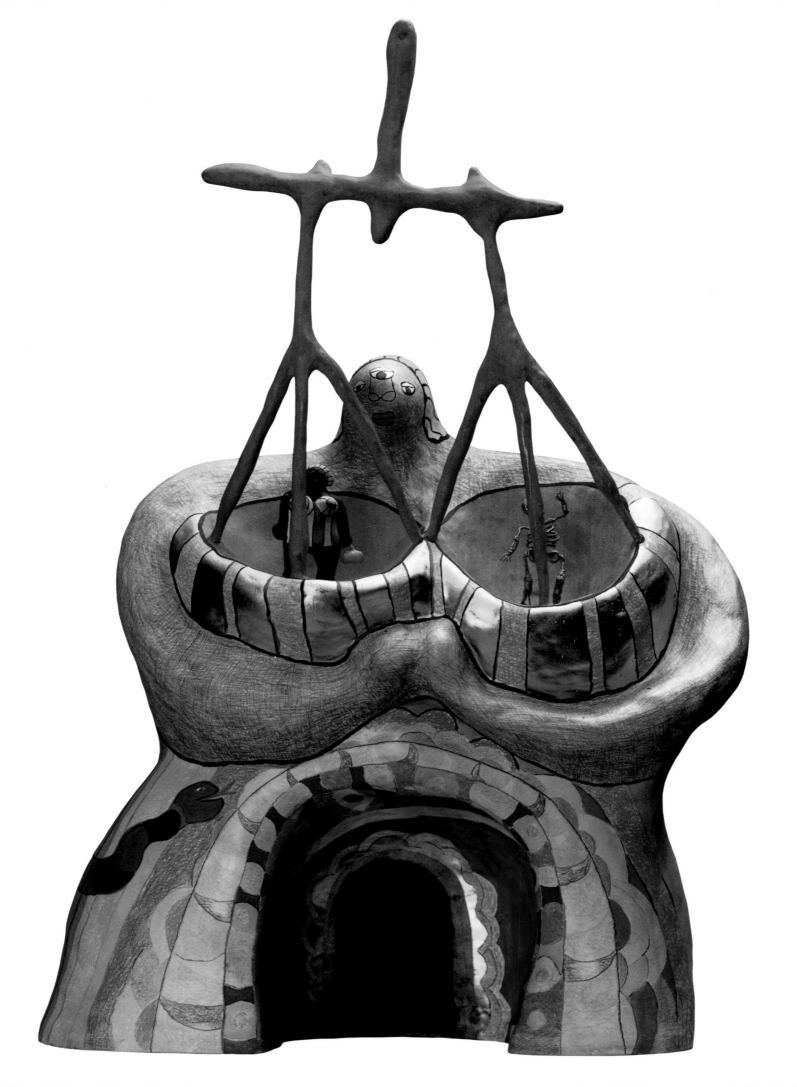

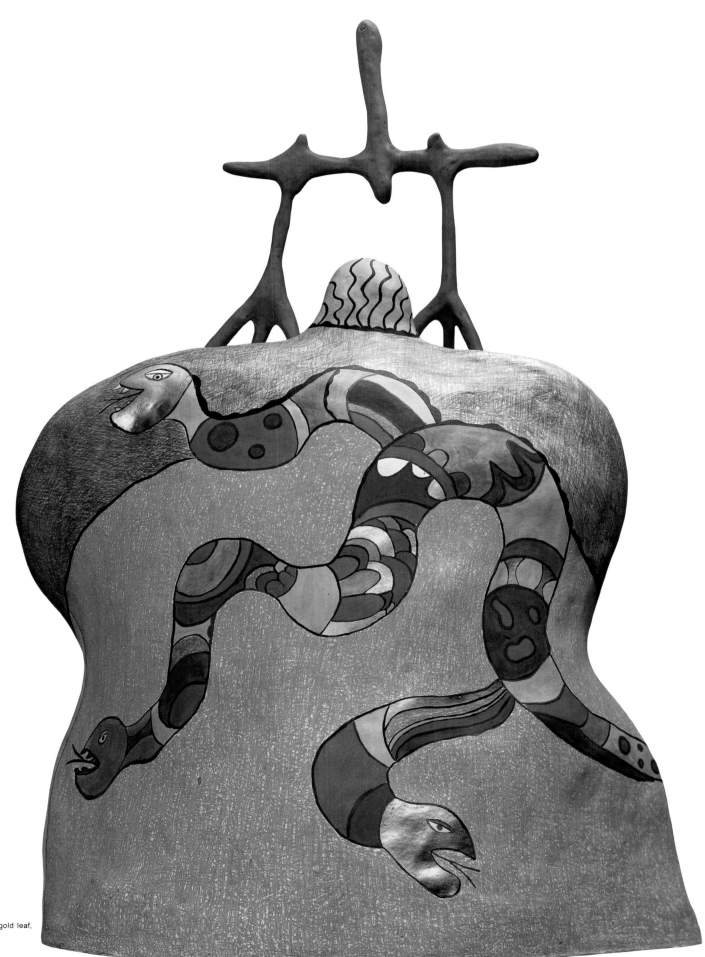

正義の女神
La Justice
1977
polyester, vinylic painting, gold leaf,
color pencil, oil pastel
79×52×45cm

アリゾナ・シリーズ
Chief with Cloud to the Reserve / I Dreamt I Was in Arizona / Le Chef Indien / Arizona Wild Life
1975-78
lithograph
50×65cm, 49×65cm, 49×65cm, 49×65cm

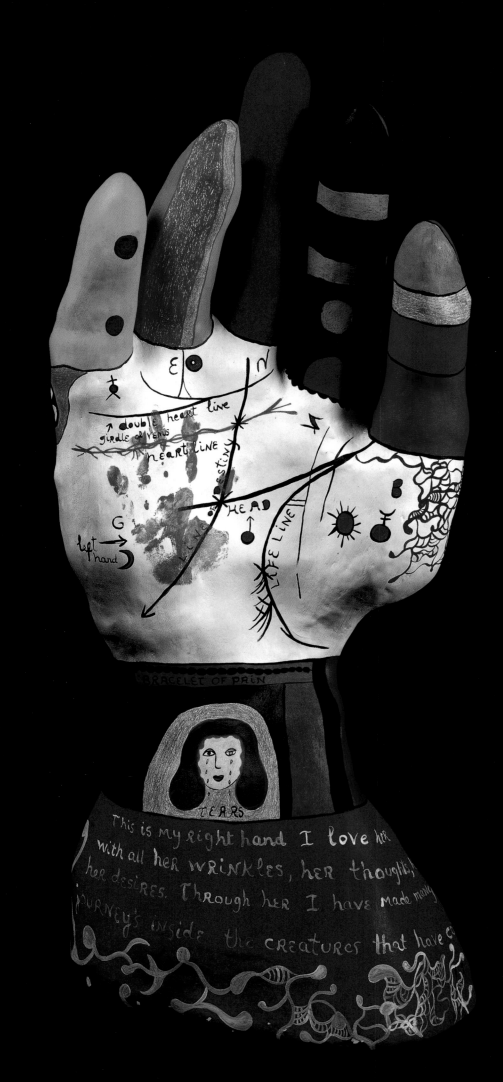

手
Hand
1982
plaster, vinylic painting, color pencil, oil pastel
80×40×30cm

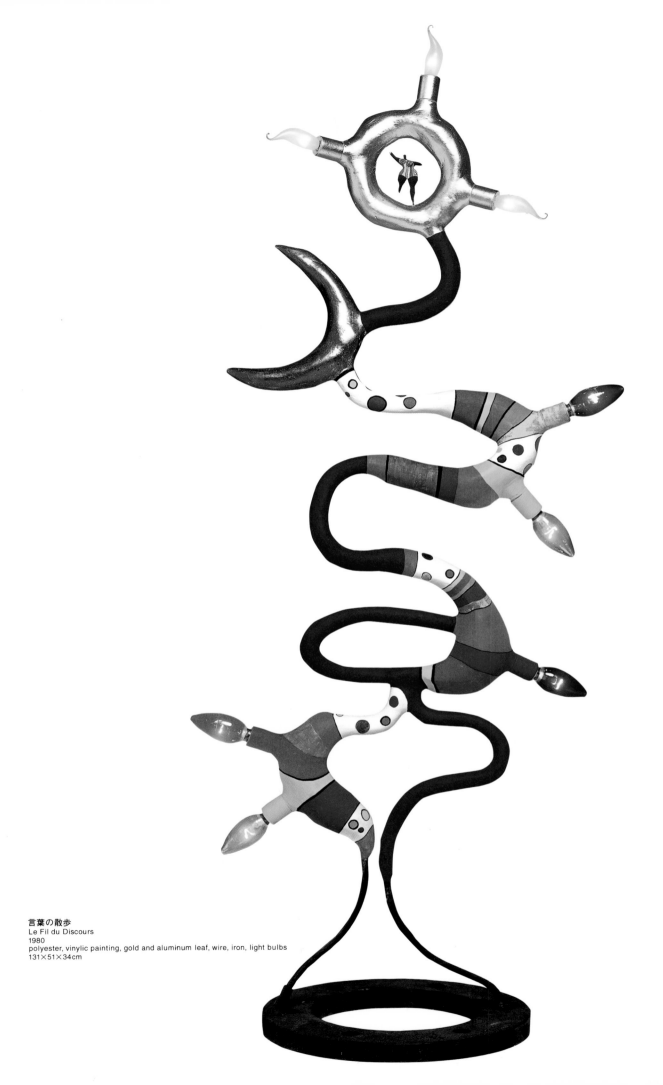

言葉の散歩
Le Fil du Discours
1980
polyester, vinylic painting, gold and aluminum leaf, wire, iron, light bulbs
131×51×34cm

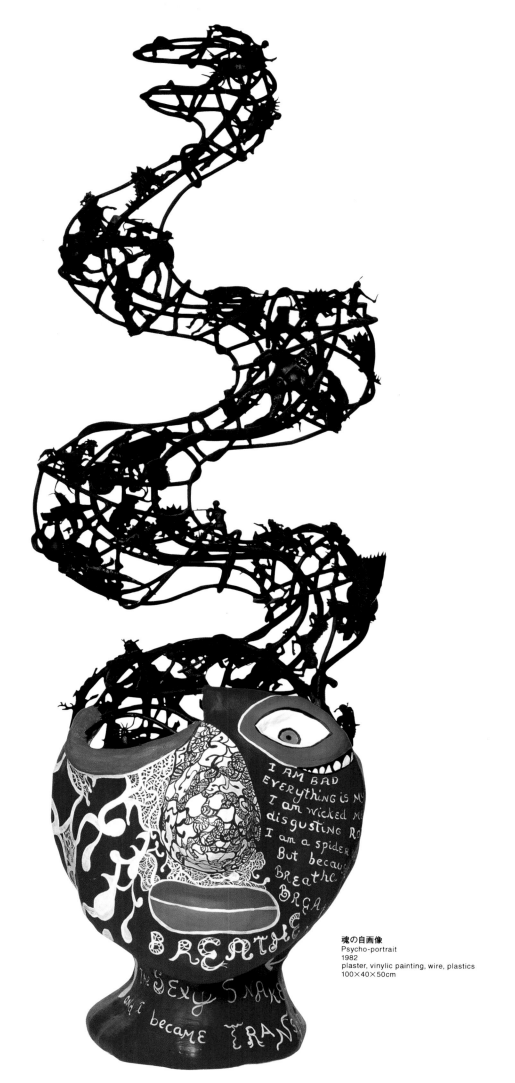

魂の自画像
Psycho-portrait
1982
plaster, vinylic painting, wire, plastics
100×40×50cm

63

威力
La Force XI
1981
lithograph
55.5×73cm

65

スフィンクス
Sphynx
1975
polyester, vinylic painting
30×27×43cm

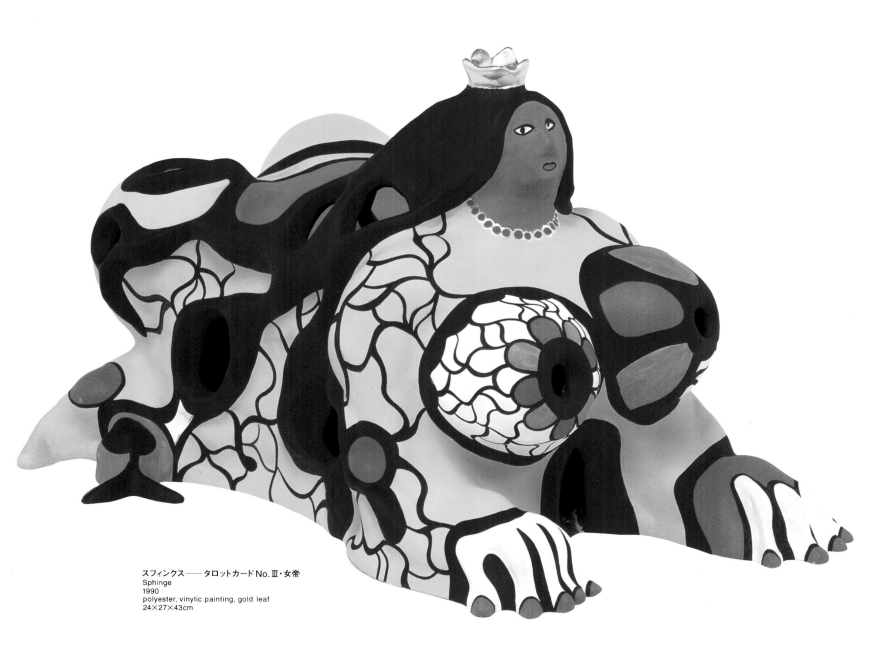

スフィンクス──タロットカードNo. III・女帝
Sphinge
1990
polyester, vinylic painting, gold leaf
24×27×43cm

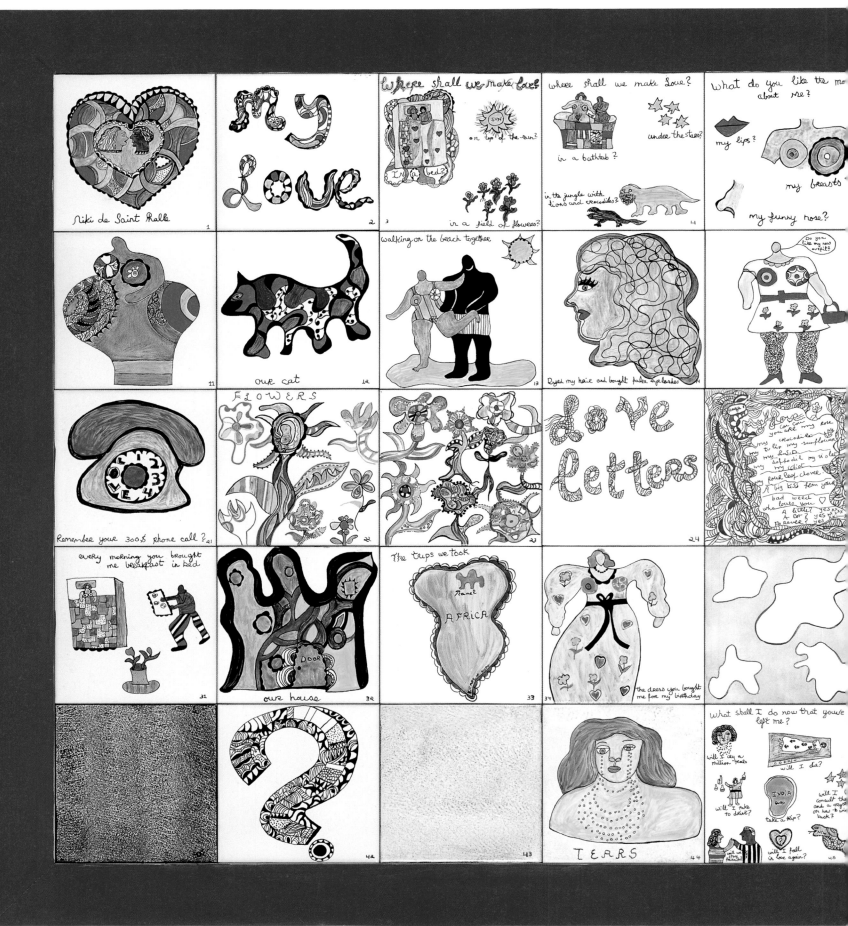

愛する人へ
My Love in Celamics
1987
celamics
87.5×163cm

蛇の樹
L'arbre Serpents
1979
polyester, vinylic painting, gold leaf, color pencil, oil pastel
52×65×42cm

世界
Le Monde
1990
polyester, vinylic painting, gold leaf, iron base by J. Tinguely
66×25×20cm

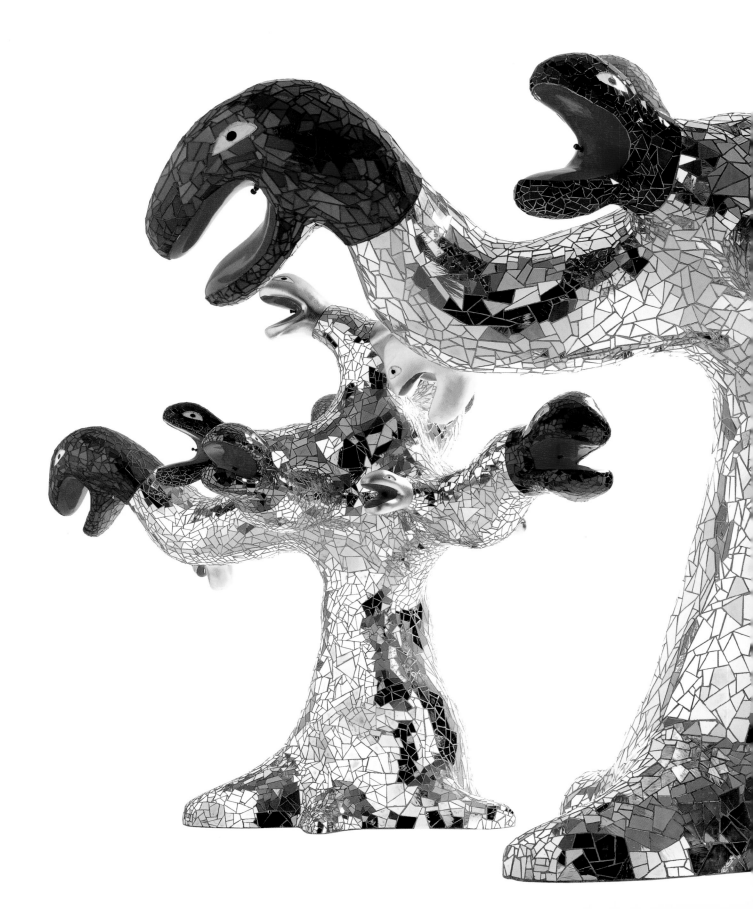

大きな蛇の樹
Le Grand L'arbre Serpents
1988
sement, mirror mosaic, urethan painting, gold leaf
260×315×200cm

蛇の鏡
Miroir aux Serpents
1980
polyester, polyurethane painting, mirror
100×150×20cm

大きな肘掛け椅子
Grand Fauteuil
1980
polyester, polyurethane painting
102×80×70cm

背中合わせ
Dos à Dos
1993
polyester, vinylic painting
170×95×65cm

交差する蛇の椅子
Chair with Crossing Snakes
1980
polyester, polyurethane painting
150×80×93cm

ホルス
Horus
1990
bronze, oil painting, iron base
230×140×138.5cm

トエリス
Thoëris
1990
bronze, oil painting, light bulbs, iron base
225×100×145cm

アヌビス
Anubis
1990
bronze, oil painting, iron base
245×100×160cm

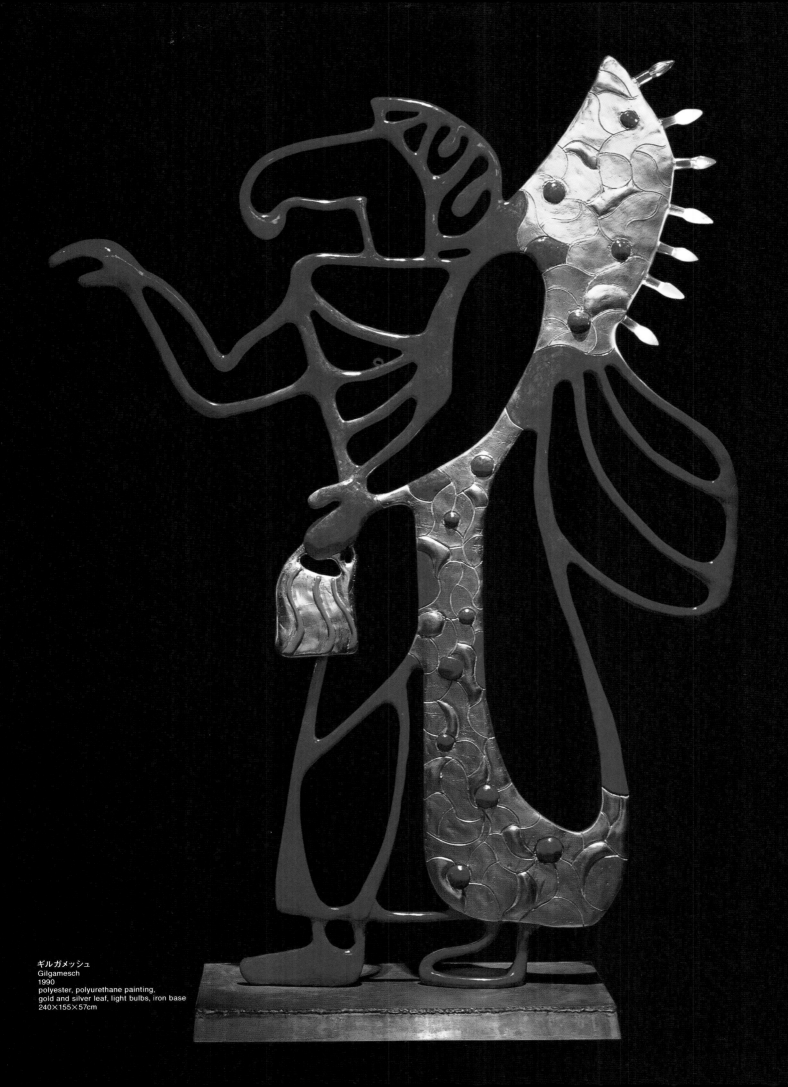

ギルガメッシュ
Gilgamesch
1990
polyester, polyurethane painting,
gold and silver leaf, light bulbs, iron base
240×155×57cm

黒い女神
Black Goddess
1990
polyester, polyurethane painting, gold leaf, light bulbs, iron base
102×30×69cm

青い女神
Blue Goddess
1990
polyester, polyurethane painting, gold leaf, light bulbs, iron base
102×30×69cm

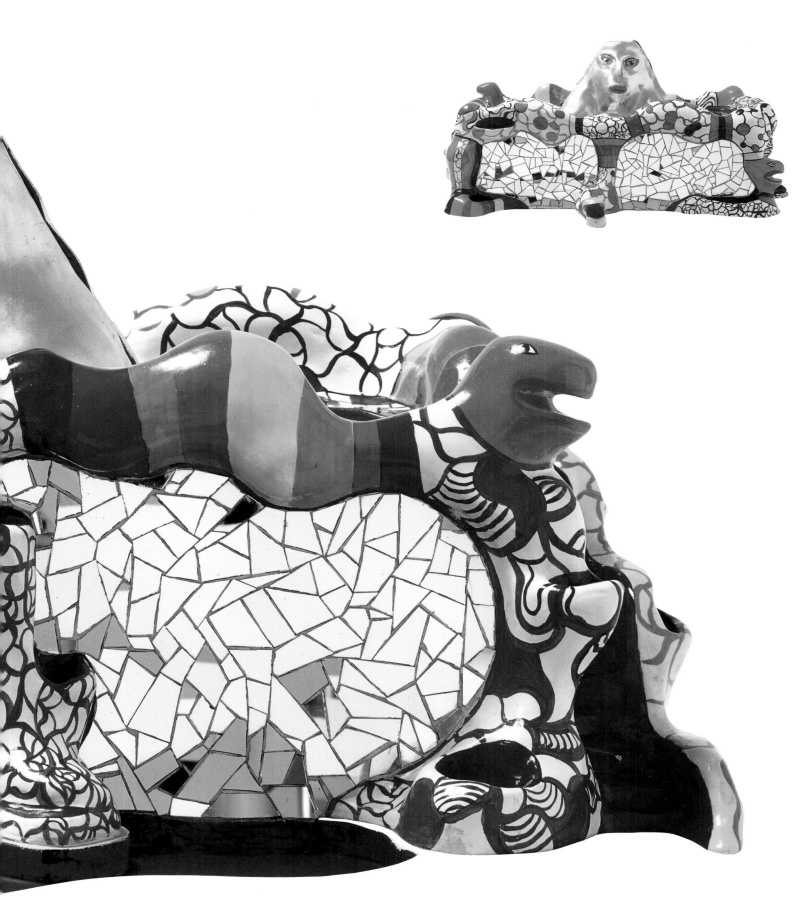

ニキ美術館建設のために特別に制作された模型
Maquette pour un Musée
1989
polyester, vinylic painting, gold leaf, mirrors
40×93×80cm

赤い髑髏（ドクロ）―燭台
Red Skull
1997
wood with a computer inside, acrylic painting, Murani glass from Italy
56.2×65×40cm

テキスト
an essay

わたしのナナ・モンスター

ニキ美術館 館長　**増田静江**

「テロリストになる代わりに
アーティストになった」

「生まれた時から闘い続けることを運命づけられていた」*1——ニキ・ド・サンファルは1930年、大恐慌の翌年に、フランス人金融資本家の父とアメリカ人の母の間に生まれるのだが、父親の破産によって家族はアメリカに移住、7歳の時からニューヨークの聖心修道院女学校に通う。家庭では典型的な家父長制のもとで、厳格なカトリック教育を受けたようだ。しかし、母親にとってニキは「家族に破産と夫の浮気をもたらした」歓迎されざる娘だった。また、当時のアメリカ社会にはタブーがありすぎた。神の愛と性の問題、憎悪と戦争、黒人差別、女性差別……。家庭でも学校でもニキは怒り通し、反抗的だったため、十代の半ばまでに数回転校させられる。

ニキ自身は自分のことを「ダブル・スコルピオ（運命宮、支配宮ともにさそり座である、二重のさそり座）」という言葉で表現している。占星術でさそり座は、かなり執念深いと言われるが、これは長所に転化すると持続力があるという事だ。非常に明快な目的意識を持って、必ず達成せずんば止まずという持続力。それがダブルになって現れるのだから、その激しさは言うまでもない。

射撃絵画の代表作《キング・コング》(本書121ページに所収)が制作された1963年、フランスはアルジェリア戦争を経て、アメリカはベトナム戦争を始めていた。だからこの作品中には、カストロ、フルシチョフやケネディなど当時の政治家たちの顔が見られる。ベトナム戦争中だったから原水爆の不安もあった。モンスターがそれを暗示している。このような社会的な事柄を画面の一方に表現しながら、あと半分は自分の日常が表されている。花嫁

になって、そして子供を産んで、という女性の人生。そして、ニキが生涯のライフワークとして夢想していた「大聖堂（カテドラル）」のテーマも描きこまれている。この作品に私は、社会、家庭、学校、教会に向き合うニキの姿を見る。実にまじめに、きちんと向き合うニキ。と同時に彼女は、自分とも向き合っている。自分自身を撃ち、血を流している。射撃絵画は、ニキ自身にとって悪魔祓いの儀式だったと私は解釈している。ニキは22歳の時に神経衰弱になっているが、それほどまでの絶望の深さ、憤りの激しさ、これを表現するには射撃という過激な方法しかなかったのだ。「テロリストになる代わりにアーティストになった」*2とはニキの言葉だが、世間や両親から攻撃を受けながら芸術活動としてこの手段を発表した。それはまさに今世紀を代表するひとりの天才の誕生だったのだと思う。

自分のなかの「女」

射撃によって自分にとりついているいろいろな怨念のようなものを解放していったニキに最後に残ったのは、「女って何なの？　私って何なの？」というぎりぎりの問いかけであった。女の役割を見直し、女を直視する以後の作品へとつながっていく。射撃の時期は「中毒にかかったように」感動と恍惚の境地にいることができたのに、それをいつまでも続けていてはいけないと思ったニキは、射撃制作を2年くらいでやめる。そのあと「花嫁」「娼婦」「妊娠」「出産」など女の役割をテーマにした代表作を次々と生み出していくが、それはとても苦痛に満ちた時代だった、苦しみながら制作したと言っている。娼婦や魔女がたくさん作品に出てくるこの時代を経て、最終的に「自分自身も、女の役割というものをその都度演じているに

すぎないんだわ」と悟る。

　ニキ美術館の一室にある《赤い魔女》(18-19ページ)。私は
この作品をずっと見ていて、「これはニキの自画像なのだ」
と思い始めている。1981年6月にニキは私に、中世の
時代だったら自分は魔女として火炙りになっていたでしょうと、語っている。外側に立ち、裁判官として魔女を
裁くのではなく、魔女のなかの純粋な魂を人は分からな
くてはいけないというニキの告発がここにある。魔女の
胸の中にあるマリア像は「祈り」を示している。魔女の
心の中にある純粋でヒューマンな祈りの心、そして人間
の深い悲しみと崇高さが、私に強くせまってくる。「娼婦」
についてもニキの視点は同じだ。「自分は娼婦とどこが
違うの？」という視点。このような姿勢を貫く制作課程
が辛くないはずがない。

　また、この時期のテーマとして「花嫁」がある。いい
家庭婦人として、妻として夫につかえなくてはならない。
そして当時は、子供も何人も産まなくてはならない。そ
のような花嫁に課せられている非常に重い役割を、ニキ
は父親にたたき込まれている。花嫁は自己主張できない。
だけど花嫁にも自己主張がある——ポンピドゥー・セン
ターの展覧会カタログ（1980年）に収められた作品《花
嫁》のニキの筆によるキャプションは、「イッヒ（ドイ
ツ語で「私」の意）、イッヒ、イッヒ」と、だんだん文
字が大きくなっていくのが痛快だ。花嫁の肩には無数の、
セルロイドの人形で表されたベビーたちや兵隊や兵器が
貼りついている。一見幸福そうな花嫁が実は、そのよう
な現実に取り囲まれていること、そして花嫁というのは、
男たちが抑圧者になっていくその現実のスタートライン
に立っているのだという事実を、ニキは明快に表現して
いる。

　また出産に関しては、同じカタログのなかでニキはこ
のように言っている。「出産の時、女は子供を男性器の
ごとく身につけて、まさに両性具有の女神となる」と。
当時隣のアトリエにいた友だちのクラリス（当時ラリ
ー・リヴァースの妻）が妊娠して、豊満な姿になってい

1980年に増田がニキに出会う最初のきっかけとなった作品。
恋人からのラブレター
Lettre D'amour a Mon Amour
1968
serigraph
50×70cm
Niki Museum, Nasu
photo ©Masashi Kuroiwa

くのを毎日見ているうちにインスピレーションを得て、
《ナナ》ができ、ニキは突然自由になる。スケートをし
たり、逆立ちをしたり、ジャンプをしたり、自由な女
たち。ニキの作品における妊娠した女たちは、一転して
母性の誇らしさを謳歌する方向へ向かう。自由で解放さ
れて、伸び伸びした女神たち——ナナが表現されて
いく。

立体と彩色

　《ナナ》の誕生は、それ以前の作品とは逆の方向を指
し示すかのような激しい変化だった。しかし、表現が変
わっただけのことであって、ニキの中にある問題意識は
ずっと一貫している。この点について、ニキは私に「コ
インの裏表だ」と言った。《ナナ》をひとつの氷山とす
れば、海面下にはニキの思いという巨大な氷の塊が隠さ
れているのだ。その思いが強ければ強いほど、深ければ
深いほど《ナナ》も力強く大きくなる。

　ニキのそれまでの《赤い魔女》、《モンスターのハート》
(16-17ページ)、《キング・コング》などの作品は、技法的に
はアッサンブラージュ（assemblage）と呼ばれ、実際

に日用品として使われているものたちが集合的に構成されてレリーフになっているという作品である。そのことをもってニキは、フランスの評論家ピエール・レスタニーによってティンゲリーやラウシェンバーグらと共にヌーヴォー・レアリスムの一員に位置づけられるのだが、その後は、立体に彩色していくという彩色彫刻家としてのニキに変身してゆく。ニキは「レリーフから抜け出て、ナナ達が空間へ連れ出されました」*3と言う。

ニキほどいろいろな色を使って彩色していく作家というのは、彫刻家にはほとんどいないのではないかと思う。ニキは、彫刻という概念を打ち破った、非常に柔軟で自由な作家である。立体をキャンバスに見立ててペインティングしていくと言ってもよいだろう。単なる彫刻家という分類には収めきれない、何物にも規定されないそのようなニキのあり方は、理解されにくかったかもしれない。1990年代の今となっては、ニキはヌーヴォー・レアリスムの作家とは言えないだろう。アール・ブリュイとか素朴派とか、アウトサイダー・アート、フェミニズム・アートだけでもない。環境芸術家だけでもない。

1986年のスペース・ニキでのトーク・セッションで、美術評論家の東野芳明氏が、ニキというのは時代も空間も超えていて、いつの時代にも通用する作家である、原始時代に生まれていても芸術家だったろうし、二千何年になっても変わらずに作家であると、言ってくださった。これを聞いて私は嬉しく思った。私は「ニキなんて日本に何の関係もない作家、過去の作家。なぜそんな作家を追いかけているの？」と言われ続けていて、その度に「いいえ、ニキは民族性とか時代性、地域性を超えている作家だと思うんです」と答えていたのだが、東野さんが同じ事を言ってくださって本当に嬉しかったのだ。ちなみに最近では「なぜニキが那須なんですか？」とよく聞かれる。「私がこの土地を気に入ったからなんですよ」と答えると、「どこに必然性があるのか」と問う。そんなとき私は「私がやっているということで、必然性があるんですよ」と答えることにしている。国

が違い民族が違っても、ニキと同じ女の私がニキに共感して、そして土地を選んでいるという、その一点すべては通底している、それでいいじゃないかと思う。それで、「ニキは私です」なんて言って煙にまいたりもしている。

ナナという名前はフランス語では普通の女の子を表す「花子さん」のような名詞。ゾラが『娼婦ナナ』を書いたり、マネがナナという名の娼婦を描いたりしたので日本人には娼婦のイメージが強いかもしれないが、ニキにそういうつもりはない。ニキの言葉を引用しておこう。

彼女たちを何と呼んでいいのか分からなかった。たぶんナナと呼ばれるのがいいでしょう。なぜかはわからない。彼女たちはとても陽気だった。まったく苦痛を伴わない。彼女たちは踊っていた。エミール・ゾラの『ナナ』とは全然関係ない。ただそう名づけただけ。そしてナナたちは女性の誇りの象徴だった。ナナたちは妊娠していた。私は大いなる母性の誇りをぜひとも表したかったから。*4

古代エジプトやバビロニアにも、イニン、イナーナ、ナナ、ナナット、ハンナとか、イシス、イシュタールなどナナに共通する女神がいたことも考え合わせて、キリスト教によってかなり貶められたイヴから解放されたナナへ、という意味で、やはり《ナナ》を女の理想像として神格化して考えたい——これは私の願望である。ニキ自身も、たくさんの女神の中のひとりと言うよりむしろ女神を総称するものとして、もしくは、すべての女性の名前を総合するものとして《ナナ》と名づけている。前にも触れたが、《ばら色の出産》(111ページ) で「出産の時、女は両性具有の女神となる」というように神格化して言っているのをみると、女性をスピリチュアルな存在としてとらえるとき、やはりそれは「神」なのだと思う。

建築中の《タロット・ガーデン》で、職人たちと談笑するニキ。1985年。
photo © Michiko Matsumoto

ゆきづまった男達

　大勢の男性たちを組織して巨大な作品を実現してきた
ニキは、もちろん非常に優れたプロデューサーである。
近々オープンするタロットガーデンは、ニキが取りかか
り始めてから20年も経っているのだが、このプロジェ
クトに関わった大勢の職人たちはニキのことを、僕たち
の第2の母、そして仕事をたくさん教えてくれた師匠だ
と言っていた。しかし、一般的な意味でニキが「男」に
ついて語るとき、その言葉は峻烈で容赦がない。シャー
マンのような語り口をみせることもある。例えば、「男
たちはさまざまな機械やミサイルや爆弾を作ったあげく、
恐るべき袋小路にはまりこんでしまった」、「男たちは完
全に頭脳だけになってしまったわ。これは今日の若い人
たちのアートの中にはっきりと表れている。身体（からだ）の中に
はもはや何も持っていない頭脳人間たち。芸術にとって
必要不可欠な原初的な源泉、芸術をはぐくむ唯一の源泉
である肉体から切り離されてしまった人たち」*5という
ような言葉である。

　さらに、1964年制作の《車輪のある頭部》や《ジル・
ド・レ》を見てみよう。ジル・ド・レは黒魔法に凝り、
何百人もの子供をいけにえにした実在の15世紀の貴族
だが、このふたつの頭部や顔面をおおいつくしている無
数の虫たちやセルロイドの子供たち、気味の悪いもの、
それらをニキは「彼らの腹わた」と言っている。この時

期に限らず、一貫してニキの創作上の原動力とでも言う
べき「憤り」と「挑発性」を理解するのに重要なので、
1965年『ヴォーグ』誌からインタビュアーとの問答の
一部を引用する。

ニキ：
「歴史上の人物たち（ナポレオンやジル・ド・レ）の仮
面や顔をこしらえたとき、私は彼らの腹わたで頭部をお
おってやったわ。私が扱った主題のなかで、頭が二義的
な意味しか持っていないのは女性の人物たちだけね」
インタビュアー：
「それでは、君にとっては男たちだけが顔を持っている
というの？」
ニキ：
「全然わかってないのね！　私の作るもののなかに、女
性の顔が二義的に見えるものがあるからといって、私の
作品の女たちが表情を持っていないなどと結論してはい
けないわ」

ニキ：
「現在、私が自分をほとんど唯一の詩人、詩的なものを
創り出せる唯一の彫刻家と考えているのは、まさしく私
が女だからよ」

ニキ：
「男たちは、ロケットや原子爆弾を作り、汚いもので世
界をいっぱいにして、すっかりひからびた人間になって
しまったわ。今や男たちに残っているのは、頭か見かけ

ジル・ド・レ
Gilles de Rais
1964
plaster, paint, diverse objects,
wire netting
125×80×37cm
JGM. Galerie, Paris
photo © Laurent Condominas

車輪のある頭部
La Tête aux Roues
1964
diverse objects, fabric,
yarn, paint, wire netting
110×60×35cm
Private Collection
photo © Laurent Condominas

だけ。彼らが現在、アートの世界で創造を続けることができなくなっているのはそのためよ。そして、だからこそ、女である私が今日、詩的で衝撃的な作品を本当に創ることができるのではないかしら。男たちはもはや表現するべきものを何も持っていず、あるのは女性に対する、女性の創造力に対する深い嫉妬だけ……」

ニキ：
「男たちは金銭や権力、レジオン・ド・ヌール勲章といった馬鹿げたもののとりこになっているわ。それに対して女である私は、ファンタスティックな自由を持ち、現代の世界を前にして私が抱く問題や錯乱を表現することができる。その意味で、私はひとつの社会集団に打撃を与え、彼らの夢を壊していると言えるわね。男たち……男たちは現在、芸術において何を実現しうると言うの？　ただひとつ、宣伝広告にしがみつくジゴロになることだわ……むしろ犠牲者ね……可哀想な男たち！」

　最近では男たちについて「私の人生の中の男たち。この獣たち（beasts）は私のミューズ（美神）だった」*6と言っている。また、「彼らが私にもたらした何年にもわたる苦難や復讐心から、芸術上の養分を取らしてもらったことを感謝してるわ」とも。
　10年ほど前に私はニキに「あなたのアートは日本のマウント・フジのように気高くそびえ、美しい」と、気恥ずかしくも富士山のイラストまで添えて、手紙を送ったことがある。後に複数のニキの友人から耳にしたのだが、ニキは自分の芸術がヨーコ（増田の通称）の人生を変えてしまうほどの魔力を持っているとはどうしても実感できないと、言っていたそうだ。上にあげたような自信ありげな態度とはまったく対照的に感ぜられるが、ニキのシャイさ、照れが伝わってきて好ましく思った。もちろん、60年代に社会に向けてあれだけマニフェストした彼女なのだから、芸術作品のもつ呪術的影響力は充分承知しているに違いないのだろうけれど。

ジャン・ティンゲリーとニキ。ティンゲリーは、スイス出身のアーティストで、鉄を素材としたキネティック・アートで知られる。
photo © Leonardo Bezzola

ジャン・ティンゲリーとの出会い

　ニキ・ド・サンファルとジャン・ティンゲリー——このふたりは、生涯刺激しあい続けた、奇跡的な芸術家どうしのめぐり会いと言えるだろう。ふたりはいつもファイティング・アンド・ディスカッシングで、闘い合い、競い合っていた。ニキはティンゲリーの作品を最初に見た時「一目惚れしたわ」と言っている。基本的には非常に好きなのだ。そしてまったく異質で、必要とし合い、なおかつ年中ぶつかりあうという、それがふたりの関係のおもしろいところだ。その点についてはティンゲリーが、非常によく理解していた。ポンピドゥー・センターわきのストラヴィンスキー広場に噴水を設置する話がもちあがったとき、パリ市からまずティンゲリーに依頼があった。市による公の彫刻設置は、1987年のロダンによる《バルザック像》以来だという。ティンゲリーはそれ以前に、スイスのバーゼルに集合噴水の大きなプールをつくっている。それは彼の鉄の彫刻だけから成るものだったが、ストラヴィンスキー広場を見た時、ティンゲリーは直観的に「この場所にはニキのカラーが必要だ」と思ったのだった。ティンゲリーの言葉を引用してみよう*7——

この広場には黒い機械は置きたくなかった。パリはバーゼルとはまったく違ったリズムを持っている。光の都であり、世界の中心のようなところがある。しかもこの素晴らしい怪物的なポンピドゥー・センターがあるわけだ。この巨大な挑発の横に記念碑などつくろうとしたって無意味だった。ここでやれることはアンチテーゼだけであり、サイコロジー、速度、魅力、遊び、ジョークの面から構想すること。大道芸人やアフロ・キューバン・バンド、火呑み芸人たちとセンターの前で対抗することだった。そんなわけで色が必要となり、ニキの《火の鳥》の上にあるあの金色が必要だったのだ。夜の目覚めと昼間の太陽に対する答えをつくりたかった。これらすべてのもの……。

夜の目覚めというのはティンゲリーの黒であり、昼間の太陽はニキである。

ストラヴィンスキーの噴水
Fountain for the Plade "Igor Stravinsky"
1982-83
pool：3600×1650cm
Musee National d'Art Moderne Centre Georges Pompidou, Paris
photo©Masashi Kuroiwa

彼女は懸命に順応性を示してくれた。モントリオール万博（1967年）のフランス館の屋根の上に《幻想楽園》をつくった時から、共同制作でぼくが彼女の作品を押しつぶすことがないことを知っている。

つまり、ひとりの作家がひとりの作家を抑圧したり踏みつぶしたりしないということ、ジャンがニキの才能を踏みつぶしたりはしないことを、ニキはよく分かって

いた。だから彼女は、構える必要がなかったと言っているのだ。

彼女はまず、たくさんの模型からつくり始めた。例えば帽子、ゾウ、ヘビ、その他いろいろ。《火の鳥》はもともとニキの作品にあったものをデッサンし直した……あまり大きくなりすぎないように、そして広場からいつも吹いてくる風をそのまま受けないように風穴を開けて、ぴったりになるまで何度もやり直した。夜になると全部の明かりが色の部分に向けられ、ニキの噴水となり、ぼくの機械の部分は姿を消す。

ダイレクトで、かつ、大衆にすぐに理解される噴水にしなければならなかった。昼間太陽の下で見られるもの、天気が寂しいときでも、逆光のときでも、どんな角度からも、夕暮れ時にも見られるもの。また僕が、夏の朝、日の出のころに、帰りそこねた酔っぱらいとか浮浪者とかしかいないときに見てみたいなあと思えるもの、そんなものにしたかったんだ。

このような人物に出会ったニキは、まったく幸運だったとしか言いようがない。さらに誤解を恐れずに言うならば、ティンゲリーに出会ったこと以外でニキの幸運は、一に美術学校教育を受けなかったこと、二に、いわゆる「師匠」を持たなかったことだと私は思っている。もちろん彼女が心のなかで自分の師匠として敬愛していた芸術家たち……ガウディやシュヴァル、ピカソ、マチスなど……はいたのだが。

周知のように、ニキより一時代前の女性彫刻家、カミーユ・クローデル（1864-1943）の悲運は、ロダンという師匠を持ったことだった。カミーユはロダン工房で技術を学んでいるうちにその才能を見出され、制作も手伝わされるほどの抜擢を受け、そして愛人にもなる。けれど結果的には、ロダンによって才能をつぶされ、遂には痛ましくも発狂してゆくのだ。ここでは例を挙げる余

親愛なる静江へ。こんにちは。心をこめた挨拶を送ります。やっとお会いできて、
本当に幸せでした。ここで一生懸命仕事をしています。エルサレムにつくる予定の
「ノアの方舟」の模型を終えたところです。今度、写真を送りますね。
氷の彫刻の模型もつくっています。フィルムを持っている男性が休暇中なので、
戻り次第連絡をくれるようにメッセージを残しておきました。
また近いうちにお便りください。愛をこめて。ニキ
（増田註　初対面のあとの最初の手紙である。文中に「氷の彫刻」とあるのは、
この頃、札幌雪祭りへのニキ作品出品を計画しあっていたことを指す。ニキいわく、
「大きな《ナナ》を男権社会のシンボル、日本の軍隊（自衛隊）がつくるなんて
ことになったら痛快ね！」。）

親愛なるYOKO。1994年が美術館、健康、喜び、お孫さん、
日本酒、そのほかいっぱい素敵なことのある年となりますように。
ご家族のご多幸を心よりお祈りしています。愛をこめて。ニキ
──ラ・ホイヤがとても好き。気候はすばらしいし、
景色はいろいろなインスピレーションを与えてくれるの。
ここであなたと会うのを楽しみにしているわ。

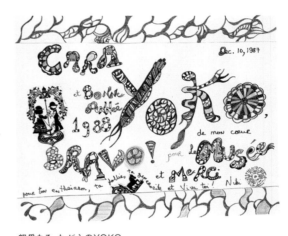

人生の樹──死　不安　悲しみ　病　残忍　渇き　無　飢え
悪　憎しみ　不正　拷問　絶望　悲劇　鳥　美　調和　輪廻
生き物　ダンス　子供　本　人生　神　笑い　ちから　パン
やさしさ　詩　陽気　ワイン　喜び　音楽　健康　希望
アート　夢　ゆるし　寛容　想像　太陽　月　星　愛　花
恋人　兄弟　復活　ユーモア　自然　友情
YOKOへ。友情をこめて。ニキ

親愛なる、わが心のYOKO。
1988年、新年おめでとう。ばんざい、美術館！　そして、ありがとう。
あなたの熱意、あなたの熱狂、あなたの寛容、そしてあなたに、ばんざい！
ニキ

親愛なるYOKO。
すてきな訪問と美しい贈り物をたくさん、ありがとう。
愛をこめて。
（増田註　増田より銀製印鑑「二樹土燦風有」を贈呈した。）

大好きなYOKO。1カ月のニューヨーク滞在から戻ってきたところです。
とても良い経験でした。でもまた明日ニューヨークに行くことになっているの。
孫のブルームとブーバがすぐに結婚しようと決めたからなのよ。
ぜひ立ち会ってやりたいし！　行くのは3日間だけになりそうです。
どうしていますか。ボンで開かれる私の大きな展覧会に来てもらえると
うれしいのだけれど。関係者むけのオープニングは6月17日です。
ロクサーナに部屋をとっておいてもらいましょうか。
彼女にファックスで知らせてください。あなたに会えるのを本当に楽しみにしているわ。
愛と優しさをこめて。ニキ

《ティンゲリーのランプ》を見上げるニキ・ド・サンファル。
photo © Michiko Matsumoto

裕はないが、本当に多くの女性表現者が、昔から、身近な男性表現者や彼に同調する世間によって才能をつぶされてしまう。精神病者になってしまった人も多い。

　ティンゲリーはニキより5歳年上で、ニキよりも社会的にも広い視野を持った「大人」であり、芸術上の先輩でもあったが、「師匠」的な存在にはならなかった。ふたりが出会った時ニキは25才で、この時期彼女は郵便配達夫シュヴァル（1836-1924）の不思議な城（125ページ）や、ガウディ（1852-1926）のグエル公園などに啓示を受けて、自分の理想宮殿を夢想しながらそのような絵ばかりを描いていた。それを見てティンゲリーは、美術学校を出ていないニキに「技術なんかは何でもない。夢こそがすべてだ」と言って励ます。私は彼のこの言葉が大好きだ。私自身への励ましでもあると思っている。私はニキと共に何度かティンゲリーと会っているが、外見からではその人柄はわからない。以下は彼の作品を見

たり映画を見たりして得た私の憶測によるティンゲリー像だが、彼は深い知恵を持った天性のヒューマニストである。差別や偏見を憎み、愛と真実をユーモアと遊びに変容してしまう奇術師であって、芸術を苦行とか修行としては一切とらえていなかったのではないだろうか。学校の先生や師匠には到底おさまりきらない巨人、怪物といったところだろう。ニキに対して教育的な態度をとらなかったことが、ふたりが生涯のコラボレーター同志でいられた理由であるように思う。お互いが相手のキャラクターとアイディアを楽しみあい、論争や喧嘩さえもが刺激であり続けたのである。

　ここで私が目撃した、ユーモラスだけれど象徴的な彼らの「喧嘩」を紹介したい。ふたりの関係のあり方と、芸術観の一端を示すのにふさわしいと思われるから。

　時は1985年の夏、所はベルギー、ノッケ・ル・ズゥ（Knokke-le-Zoute）。水の都ブールジェより車で15分ほどの美しい海辺の町である。そこにニキとティンゲリー両人の長年の友人であるロジェ・ネレンス（Roger Nellens）氏が経営するところのカジノ・ホールがあり、ニキの回顧展が行われたのだった。そこへ招待されて行ったときの話である。個展のあと、車で10分ほどのロジェ邸で祝賀会が行われた。ベルギーという国は、日本の江戸時代のように階級制の強い国で貧富の差が激しいと聞いていたが、ロジェ邸の庭は広大で、オレンジの果樹園や種々の家畜の牧場があった。馬は乗用らしく3頭ほどだけだったが、食用として飼われていたのは鶏、家鴨、羊、牛。それに「あれもぼくの食べる豚たち」とネレンス氏が指さす柵の中には白黒斑の豚たちの群が、のんびりと我々人間を観察している案配。そして、緑したたる庭内の豪勢な邸に隣接する形でニキの《ドラゴン》（129ページ）が、これぞまさに堂々と威容を誇っていた。招待客はワイングラスを持ったまま、邸の庭に散らばって《ドラゴン》の中を出たり入ったりしている。わたしはこの時、ロジェ邸は2度目の訪問だったが、「どれどれ」と早速《ドラゴン》の中に入っていった。

正装したニキが迎えてくれたが、何だか照れくさそうにしている。頭上にはティンゲリーがニキのために作ったというランプが吊してあった。それは、ロジェがそのために取りおいたという羊や牛たちの頭蓋骨と、鉄製の農機具のがらくたを組み立てた《ティンゲリーのランプ》で、ロープには各色華やかなイルミネーションがついている。天井から頑丈な鉄の鎖で吊っているのを、さらに三方の壁からロープで引っ張っている。そのロープの1本に、何と生乾きの洗濯物が、それも紫色のパンティや白いブラジャー、黒のソックスにランニングシャツまでもが、ぶら下がっているのだった。「何ですか、これは？」と私がからかい気味にニキに聞いても、彼女は苦笑を隠そうとして精一杯すましている。ロジェの話では、ティンゲリーはスイスから到着するや否や、徹夜までして2日がかりでこの作品を仕上げたのだった。やっと当日の朝に仕上げ、勇んでニキを呼んだが、ニキは開口一番「なあに、このイルミネーションもついていないただのロープは？　洗濯場のロープよりもずっと退屈だわ」と言ったのだそうだ。ニキを喜ばせようとして意気揚々と鼻うごめかしていたティンゲリーはカッとなって飛び出して行った。そして帰ってきた時にはロジェ家の物干し場から手当たり次第に掴んできた下着類を持っていて、それを次々にロープにひっかけると「どうだい、これで満足だろう」。今度はティンゲリーがニキをやっつける番だった。そして祝賀パーティーの時になっても、誰もそれをはずそうとはしなかったのだ。

魔力

最初に、鏡という素材を使い始めたときのニキの言葉を引用しよう。*8

タロット・ガーデンの中でとっても大切なものが、ひとつある。それは鏡。私は、鏡に映ったものにわくわくさせられる。鏡をモチーフにした鏡の木々が自然や陽の光

ニキの最新作《ギラ（Gila）》。サンディエゴ郊外の個人宅の庭園につくられた。よじ登ったり、中に入ったり、すべり台をすべったり、と楽しみを誘う作品。より洗練されたフォルムのすみずみまで、きわめて密度の濃い装飾がほどこされている。ストライプや市松といった新しい模様に加え、セラミック、鏡、そして日本庭園で敷石に使われる那智黒などが使われており、新しいテーマに挑戦し続けるニキの意欲と探求心を感じさせる。
photo ©Masashi Kuroiwa

を反射するのが好きだ。それは一瞬の魔力。すべての彫刻が息づき、動き始めていた。鏡はあらゆる色と光をもたらすことで、セラミックやガラスとともに、3つの主要なマテリアルのひとつになった。

ニキ美術館のときも、鏡で覆ったらどうかとニキに提案された。しかし、美術館が建つのは国定公園内なので、建築物に関する色彩制限があり、屋根の素材も決められている。とても残念なことに鏡は使えませんと言うしかなかった。

彫刻にポリエステルを使った時には、こう言っている。

私は、石とか鉄とかブロンズとか、男性たちが伝統的に彫刻に使っていた素材は使いたくなかった。FRPという素材は手触りの柔らかさを非常によく出すことができるので、これを使った。

ところが後年になってくるとブロンズや大理石も出てくる。鏡を使うようにもなる。非常にフレキシブルに、自由に、こだわりなくさまざまな素材に挑戦するように

なってくるようになった。1990年の《トエリス》(79ペ
ージ)、《アヌビス》(80ページ)、《ホルス》(78ページ)などのブ
ロンズの彫像たちを見た時は、ニキはまさに、この素材
を支配することに成功したと思った。

　ニキの「夢」というタイトルの詩には「夢を見るのが
好き。空想するのが好き。夢見るものは円のこと。円、
カーブ、波型、それから直線。世界は円、世界は乳房」
とあり、そのあとで「直角は嫌い」と続く。「直角」と
訳したが、原文は「アングル」なっていて、直角に限ら
ず三角とか角のあるものを指す。──「それは嫌いだ。
私を脅かす。アングルは私を殺そうとする。アングルは
殺人者。アングルは刃物」。

　実際、ニキの作品は丸いし、私の記憶をたどっても角
ばった形が彫刻の中に出てくる例は皆無だと思う。すべ
てがカーブであり、丸い。彩色された模様も、丸であり
曲線である。ところがニキ美術館にある《ビッグ・レディ》
(40-41ページ)という作品は、フォルムにおいては60年代
の《ワルダフ》(114ページ)などと共通する「手触りの柔ら
かさ」を表現しているが、彩色ではそれらと全然違う表
現がほどこされている。その途中経過を私は写真で見て
いるが、はじめの段階では完成作品とまったく違う彩色
がされていた。ニキは気に入らなくて何度も塗り直して
いたのだ。1991年にティンゲリーが亡くなって、その
あとこの作品の彩色に変化が起きた。三角の白と黒で、
明快なギザギザのアングルが出てくる。まさにティンゲ
リーを彷彿とさせる機械の部品のような、あるいは歯車
の部品のような形が描かれているのを見たとたん、私は
「ああ、これはニキから亡きティンゲリーへのオマージュ
なのだな」と胸の締めつけられるような思いがした。
こんなに明快に、はっきりとした意志を持ってティンゲ
リーの世界を取りこんだのはオマージュであるからに違
いないが、同時にこれはモンスターの絵でもある。ニキ
は「私はモンスター」と言っているが、ものを食う、他者
を食う、ニキはそういう存在であるモンスターとなって
描いているのである。

ティンゲリーが亡くなったあと、ニキは「いま私は光と
音の作品をつくっているのよ。ほかの作品は片づけちゃ
ったの」と手紙をくれた。アトリエの中の今までの作品
を全部片づけて、最近作である光と音のキネティック・
アート《エクラテ（Eclaté 爆発の意)》という作品だ
けにしているというのだ。「夜なんか、シーンと静かな
中で階段を降りていくと、カシャカシャ、カシャカシャ
というマシーンの音がして、そしてピカッピカッと光が
点滅して、ああ、ティンゲリーの世界だなと思う。それ
がとても私を安らかにする」とあった。

メタ・ティンゲリー
Méta-Tinguely
1992
paint, metal, electorical motors, wood
155×125×40cm
artist's collection
photo © Laurent Condominas

異教の神話

　次にニキの作品に出てくるさまざまなシンボルの意味
することについて考えてみよう。動物では鳥、ヘビ、クモ、
ネコとかカエル、カバ、イヌなど、いろいろ出てくるが、
象徴的な意味を背負って繰り返し出てくるのは、鳥とヘ
ビとクモ、それにモンスターである。ニキ自身、自分の
作品に男たちはあんまり出てこないと言っている。女た
ちはたくさん出てくるが、男の彫像は少ない。新聞を読
んでるダディ、棺の中に横たわる男、《あるカップル》(52
-53ページ)の男性、《日曜日の散歩》(50-51ページ)のお父さん、
《詩人と女神》の詩人や椅子の男性、と数えられる程度
である。

　ヘビは、アダムとイヴの物語の中で重要な役割をもっ
た動物という背景を考えれば、エロス、知恵などの隠喩

も含まれていると解釈できるのだが、ニキ自身11歳の時アメリカの避暑地の平原を散歩していて、絡み合って動いている2匹のヘビに出会ってしまったというスリリングな体験をしている。恐怖の体験というよりむしろ、金縛りにあったように動けなくなって、目もそらさずに見続けているうちに、そのヘビたちに同化してしまうという奇妙な恍惚の体験でもあったと言っている。恐怖と恍惚。後年、作品中に出てくるヘビは、だから、エロスと躍動のシンボルであると思われる。それから鳥は、やはり自由の象徴であろう。ニキは本当に、鳥になりたいという願望を持ち続けた女の子だった。ヘビも鳥も、ある意味で両性的なものとしてイメージされていると思う。

クモというのは、しばしば邪悪なるものといった悪い意味で出てくる。ニキ美術館の壁にかかっている大きなドローイング《ゴルゴ・イン・ニューヨーク》(42-43ページ)の中にもクモが出てくるが、この作品ではモンスターも登場する。このモンスターはニューヨークを攻撃しており、人を脅かす存在、邪悪なるものの象徴である。それから興味深いのは、《魂の自画像》(63ページ)という作品である。ここには「私はなんていやな女。醜い、醜い。私はクモみたい。いつも悪いのは私」と、自分を責める言葉が書いてある。《日曜日の散歩》は、私のたいへん好きな作品なのだが、あの女の人は、精神的にも確信を持ち、すっかり安住しきったママである。その緩みきった精神が、体中、顔中、頭の先から爪の先までの緩みとなって表現されている。それに反してお父さんのほうは、一分の隙もない几帳面な紳士であり、妻との散歩にもネクタイをしめて帽子をかぶっている。そのお父さんが、お母さんより小さく表現されている。だから一見、お母さんは厚かましくて堂々としていて、お父さんをお尻の下に敷いているような印象を与えるが、このお父さんの連れているペットが巨大なタランチュラ、毒グモであるというところが、どっこいニキ独特のアイロニーである。安定しきっているかに見えるお母さんは気づきもしないけど、お父さんの内面、つまり男たちの欲望とか策略とか油断

のならなさ、それらがクモによって象徴されていると、私は解釈している。

ところでこの《日曜日の散歩》のお母さんは、《貪る母親 (Devouring Mothers)》シリーズのひとつだ。ニキは「母親たちは退屈すると何でも貪る、貪る、貪る。時には自分の子供まで貪る。けれど、残念なことに私もそういう母親になっていたの」と言っている。

また最近の記録映画のタイトル "Who is the monster, you or me?" というのは、ニキの心の中では夫ティンゲリーへの問いかけであろうと思われる。モンスターというのはニキがたいへん気に入っていて、60年代から一貫してたくさんのモンスターを作り続けている。ニキにとって「ナナ」の対極にあるのが「モンスター」であろう。このふたつが二大シンボルであり、同時に「天国と地獄」「女神とサターン」のように対をなす概念でありながら、両者ともニキという存在に呑みこまれてしまうのである。

映画のセリフから引用しよう。

モンスターは誰？　巨大で強力でミステリアス。不可思議でポエティックなよそもの。いつも空腹で貪り食う。誰を？　私を？　モンスターは私の破壊力であり想像力であり、可能性。モンスターは私の無意識、不可解な私自身、コントロールされない自然の本能。私を脅かす。彼は私の心をとらえて離さない。私を恐怖に陥れる。この世のものではない。私の運命へのつながり。いったい誰がモンスターなの、あなた？　私？

ニキは色彩の魔術師と言われているが、言葉の魔術師でもある、まさにシャーマン。ほかにもいろいろな記号やシンボルが出てくるが、それらは物語性を持った意味を、私たち見る側に伝えている。作家の心象風景やドラマの世界に、私たちは連れ去られてしまうのだ。ニキはいつも対決し、選び取り、突きつけてくる。立ち現れるのは、自然、事物、超自然現象、社会現象、あるいはもうひとりの自分。父親、母親、政治家たち、黒人男女、子供たち、

赤ん坊、兵隊、兵器、どくろ、ピエロ、マリア像やキリスト像、大伽藍、大聖堂。それから、ハート、手、乳房、大きなお尻、唇、頭部といった身体の各部分。そして涙。戦争の兵器がこんなに多く出てくる作家はいないと言われている。草花、樹木、星、月、太陽。カエル、ネコ、イヌ、ラクダ、ゾウ、カバ、牛、馬、サソリ。それから鳥やヘビやクモ。ドラゴン。忘れてならないのはモンスター。いずれもニキ神話の登場人物たちだ。ニキは異教の神話をつくっている。ピエール・レスタニーの素晴らしく美しい言葉を紹介しよう*9。

神話。神話はどこからくるのか。地獄からか天国からか。同時に両側からである。ニキの世界は人間の条件の両極間における永遠なる往復である。神話は限りなく拡がる。賢者の狂気、狂者の理性。

　また木については、「木は神話の中心。木は大自然の紋章。感性の護符。世界のしるべ。木は身体にして精神、知にして生」*10と、言っている。私はここからアメリカン・インディアンの詩を思い出した。それは「魚は泳いでいる人間、木は立っている人間、鳥は飛んでいる人間」というものだが、これはまさにニキの世界だと言えるだろう。
　それから、最近作の《トエリス》、《アヌビス》、《ホルス》の三部作はエジプトの神話がテーマになっているが、ニキがエジプトに興味を持つのは新しいことではない。タロット・カードはもともとエジプトのものだと言われており、ニキは子供の頃からエジプトが好きだったと言っている。この3体の彫刻では、《アヌビス》がいちばん先に制作された。1990年のお正月、ニキはローマの博物館に行くのだが、そこで大理石の立像であるアヌビスに出会う。その時アヌビスの像から後光が射して見え、金縛りにあったような大きな衝撃を受けて、「私のアヌビスをつくろう」と思ったという。すぐに飛んで帰って試作品の制作にかかったと、当時手紙をもらった。その後1990年にロンドンで個展があり、その個展にこのよ

うな作品を展示するといって、写真を送ってくれたのだが、それがブロンズのトエリスとアヌビスとホルスだった。私はそれを見た時、「これはニキの三位一体だ」と思った。そしてエジプト関係の大きな本を何冊も手に入れて、トエリス、アヌビス、ホルスを探した。ホルスは鳥の神様、太陽の化身。そしてうつし身の人間である現世の王様は、古代エジプト人にとってはホルスの現人神（あらひとがみ）だったのだ。ホルスは非常に位の高い神様なのである。アヌビスは、その王様が死んだ時に死の世界で王を守る、死の世界を司る神様。だからホルスとアヌビスは、両方で生と死を司る重要な神様であり、代々の王たち、そして人間たちのそばにいつもいるのだ。
　トエリスはカバの神様だが、カバが安産であることから、古代エジプト人にとっては出産の守り神であり、豊饒、実りの神であった。アヌビスやホルスのように擬人化されている絵や立像も残されているが、四つ足のカバそのままとして描かれているのもある。私はニキの《トエリス》を見た時に、これぞまさしくナナそのものだと思った。妊娠しているナナ、途方もない強さと表現力、したたかさ、devouring mother の厚かましさ……このトエリスはそういうものを含んでいる。このカバ女神はおしゃれでコケティッシュでチャーミングで、しかも挑発的、本当に私は好きだ。これはナナであり、ニキであり、そしてモンスターの世界にも通じていると感じる。ニキの二大シンボルである「ナナ」と「モンスター」の、まさに融合せる一体化と言ってよいと思う。60歳のニキの腕力と気力を感じさせる代表作である。ホルスとアヌビスも美しい。このふたつが椅子として表現されているのは、「トエリス、今日はぼくの膝にお座り」と、おなかに赤ん坊を身ごもっているトエリスに座ってもらおうとしているのだと、私は勝手に解釈している。美術館でのこの3作品の配置も《トエリス》を中央にし、《アヌビス》《ホルス》をやや後方に従えているような形にした。実際は、「人間が座ってこれらの神々に守られるために椅子にした」と、ニキから聞いてはいるのだが、このよう

に神話の世界に没入しながら、さまざまに想像をめぐらせて作品を眺めてるひとときが、私にとっては至福の時間なのだ。

イマジネーションとエモーション

このようにニキの作品では、ひとつひとつに象徴的な意味がこめられており、作品それぞれにストーリーがある。しかしニキ自身は、「エモーションに従って、エモーションのおもむくままにつくっている」[11]と言う。「自分はマニュアルな人間で、観念的な人間ではないと思う」と語る通り、手が先に動いてしまうタイプの作家であり、「出来上がった作品を見て、ああ、私はこれがつくりたかったんだと感動する」[12]とも言っている。さらに、こういう言い方もしている。「イデーが先にあり、そして作品が完成してからエモーションが呼び起こされるという（タイプの作品をつくる）人もいますが、私の制作は、先にエモーションがあって、出来上がった時にそれがある概念となり、観念として把握される」[13]と。これは芸術表現というのは元来自由なものなのだという、ニキの芸術論だと思う。とても柔軟で、規制することのできない感性の伸びやかさをエモーションと言っており、これは魂そのものの発露でもある。ニキが「自分の制作は自分の人生に従った」[14]――つまり非常に自叙伝的であると言うのは、ここから繋がっているのだと思う。ニキの頭と心、身体のすみずみにまで、物語が詰まっている。ニキはニキのドラマとストーリーの中をいつも生きているのだ。イメージはそこから広がり、エモーションが湧き起こる。ニキの個人史から神話の世界にまで拡がる壮大なドラマ、その集大成が《タロット・ガーデン》なのだと言えるだろう。

初めてニキに会った時、それは1981年の6月頃であったが、その頃私はタロット・カードのコレクションをしていて、その事をニキに話すと彼女は突然「おお、タロット」と叫んでアトリエに私を引っ張っていくのだ

《タロット・ガーデン》のためにつくられた模型。
photo © Leonardo Bezzola

った。粘土でできている不思議な形のものを見せて、「自分の終生のテーマにしている理想郷を、彫刻公園で実現しようと思ってとりかかったところなの。それがタロット・カードをモチーフにした《タロット・ガーデン》なのよ」と言うのだ。私もタロット・カードを集めていたことを「何という偶然なんでしょう」と驚いている。そしてニキは、模型の形の細部にわたって説明してくれた。それを聞きながら私は、何という途方もないことを言っている人なんだろうと呆気にとられてしまった。模型の形も奇妙奇天烈ながら、それらをすでに細部にまでわたってイメージしているなんて。求めるものに到達するまで何度挫折を繰り返してもくじけない、ニキの不倒の精神力と追求心に圧倒された。そして彼女が自分をタロット・カードナンバーゼロの「愚者」に例えていたことが印象的だった。そして、「愚者というのは、彼が彼自身の魂の存在意義を探していることを意味している。それはまさに私がこの庭園でやっていることなのだ」と言ったニキの言葉が、私はとても好きだ。

ニキ美術館を訪れる方々の中で、ニキを「フェミニズム・アート」「ジェンダー・アート」の先駆者として位置づけようとする人がいる。確かに、「射撃」から始まるニキの芸術へのエントランスは、家庭、学校、教会、社会へのジェンダー（性差）を踏まえての至近距離からの告発だったと思う。そういう意味ではまさに「先駆者」に違いない。しかしニキが25歳の時にシュヴァルの《理想宮》やガウディの《グエル公園》に触発されてから、終生のテーマとして持ち続けたシャトー（城）やカテド

ラル（大聖堂）への夢の実現化としての《タロット・ガーデン》建設を通して、ニキはもう「性差」というテーマをはるかに超えたアーティストとして在る、と私には思える。ニキは「デュアリティ・インテグレイテッド（duality integrated）」と言う。これはふたつの異なるものがひとつにまとまるという意味。矛盾するもの、相違するものの融合。ニキが苦しみながら追求してきた境地は、そこにあるのではないだろうか。

　さまざまの人間ドラマを創作してきたニキ。彼女は今や翼を持った鳥人になってしまった。だからこそ、ニキの立体は四方八方から楽しめる。大建造物をも高みから見おろす「鳥の目」をニキは手中にしたのだ。1973年の映画「ダディ」では、「少女時代、私は鳥のように自由になりたかった。ダディ、あなたから遥か離れて」と言っていたのが、95年の「怪物は誰かしら?」では、ハンググライダーで高々と空中を飛んでいる。このようなニキの一貫性には、まったく感銘を受ける。作品を撃ち、自分も血を流す「射撃」から始まった人間ドラマが、建築や神話を通過して壮大な宇宙ドラマへ展開していった。そこに、民族、地域、時代、ジェンダーをも超えたニキのすごさがある。ニキは鳥の目を持ったモンスター、貪欲なナナ・モンスターだと、私は確信している。

引用
1 『Mon Secret』（1994年）
2 ドキュメンタリー映画「怪物は誰かしら?」（1995年）
3 『リベラシオン』紙（1980年）
4 ドキュメンタリー映画「怪物は誰かしら?」（1995年）
5 『ヴォーグ』誌（1965年）
6 ドキュメンタリー映画「怪物は誰かしら?」（1995年）
7 『ボザール』誌（1983年）
8 ドキュメンタリー映画「怪物は誰かしら?」（1995年）
9 「ニキ・ド・サンファル　回顧展」カタログ（ジョルジュ・ポンピドゥー・センター、1980年）
10 「ニキ・ド・サンファル　回顧展」カタログ（ジョルジュ・ポンピドゥー・センター、1980年）
11 『芸術生活』誌（1979年）
12 『芸術生活』誌（1979年）
13 「ニキ・ド・サンファル　回顧展」カタログ（ジョルジュ・ポンピドゥー・センター、1980年）
14 『リベラシオン』紙（1980年）

1985年5月、《タロット・ガーデン》の制作に取り組むニキを訪ねた増田。
当時ニキが住居兼アトリエとしていた作品《女帝》の屋上テラスにて。
photo©Masashi Kuroiwa

追記:
本年（1998年）3月15日に20年かかったタロット・ガーデンがやっとオープンすると、ニキから現地事務所を通じて通知があった。
「やったね、ニキ! おめでとう!」

タロット・ガーデン
所在地　Garavicchio 58011 Grosseto, ITALIA
連絡先　TEL.:0564-895-112　FAX.:0564-895-093

現地へのご案内・資料請求は…
ニキ美術館
TEL.:0287-76-2322　FAX.:0287-76-4622
詳細は、現地へ直接お問い合せください。

ドキュメント
artistic achievements

The Shooting Paintings

射撃絵画

1955年にアーティストとしての人生を歩みはじめたニキ・ド・サンファルは、現在までの美術の浮き沈みに巻きこまれることなく、確固として第一線に立ち続けてきた。40年以上にわたる作家活動のなかで生み出された作品は、ニキ自身が言う通り、彼女の人生そのものである。ニキにとって、作品をつくることがそのまま「生きる」ことだった。しかし、彼女の作品はこじんまりした私小説的な世界におさまらずに、ときには破壊しながら、ときにははみだしながら、強く、深く観る者にせまってくる。旺盛な好奇心、爆発するようなエネルギー、慣習や伝統にとらわれない自由さ、イメージの実現にたいする執着心——ニキの内部から湧いて出てくる力が、彼女をさらなる冒険へとかき立ててきたのだろう。

射撃絵画は、1960年のはじめに制作された一連のシリーズである。この手法によってニキの独創性と想像力が一挙に解き放たれたのである。若い女流作家が自分の作品をライフルで撃つという挑発的で暴力的なこの行為は、世間の大きな注目を集めた。射撃絵画以前は油絵やアッサンブラージュを制作していたが、観客に作品にむかってダーツを投げさせる《サン＝セバスチャン、あるいは私の愛人のポートレート》という作品がきっかけとなって、この射撃絵画が生まれた。絵の具入りの容器が埋め込まれたレリーフや彫刻を、ニキ自身や観客が撃つ「射撃パフォーマンス」は、1961年と62年にパリ、ニューヨーク、ストックホルムなどで12回以上にわたって行われた。パフォーマンス自体の政治性もさることながら、標的となる作品にも、教会やモンスター、政治家の顔、マリア像など、さまざまな象徴が現れるようになってゆき、質の高い作品が数多く生まれた。

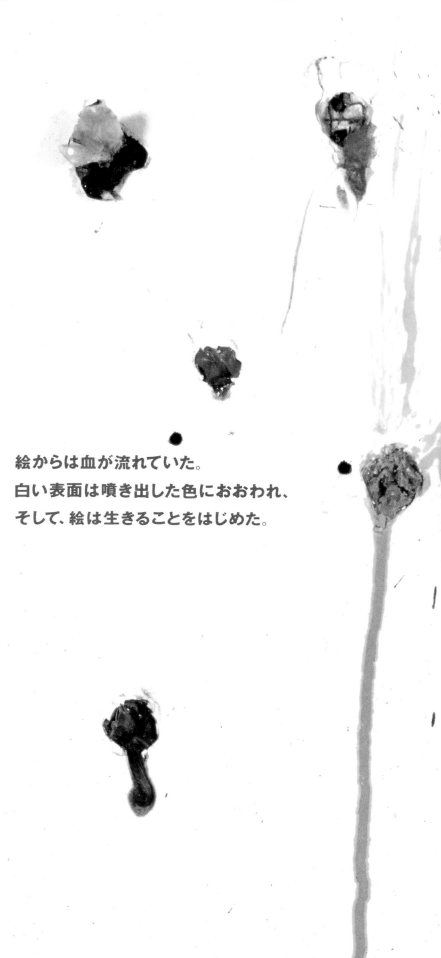

絵からは血が流れていた。
白い表面は噴き出した色におおわれ、
そして、絵は生きることをはじめた。

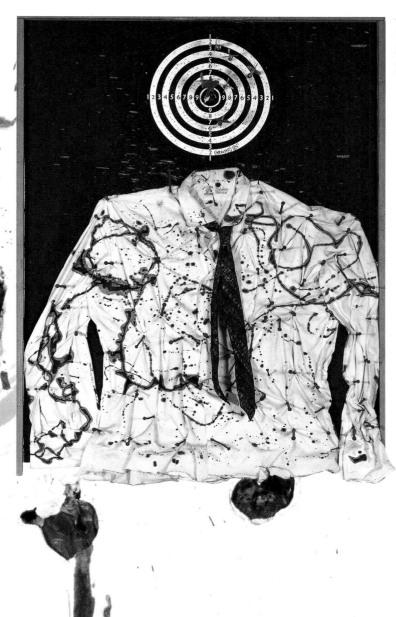

サン＝セバスチャン、あるいは私の愛人のポートレート
Saint-Sébastien or Portrait of My Lover
1961
dartboard, shirt, tie, nails, darts, paint on wood
72×55×7cm
artist's collection
photo © Laurent Condominas

photo © Harry Shunk

9発の射撃
Tir Neuf Trous
1961
plaster, paint on wood
71×53cm
private collection
photo © Laurent Condominas

その頃、私を追い回していた有名芸術家と、少しの間恋愛関係にありました。彼は結婚していたのだか、とにかく誰かと一緒に住んでいたのに、他人の中を裂いたり友人の妻を誘惑したりするのがお手のもの。彼を愛してはいなかったけれど、どこか惹かれていました。こんな従属関係がいやで、彼の息の根を象徴的に止めるために銃を買いました。弾丸はこめてありませんでした。ハンドバッグに拳銃をいれておくことで少し気分が晴れました。ある日彼の肖像を製作しようと思い立ちました。おもちゃ屋でダーツの標的を買ってくると、彼に頼んでワイシャツを1枚もらいました。それから、シャツにネクタイを着けて。これを全部にかわで木に貼り付けました。題して《私の愛人のポートレート》。頭にダーツを投げることで面白くなってきました。これで彼から自分を離せたのですから、効果的なセラピーでした。

105

犠牲者のない殺戮。
犠牲になったのは自分の作品。
絵が泣いている。
絵が死んでいる。
私は絵を殺してしまった。
けれどそれは再生なのだ。

1961年の射撃では私はダディに反抗するために撃った。
すべての男、小さい男、大きい男、背の高い男、太った男、
男たち、私の兄弟、社会、私の学校に向けて一発。
私の家族、母、そしてダディ、私自身へも向けて一発。

photo © Lennart Olson / TIO

純白のレリーフに広がる
赤く、黄色く、青い血の海の散乱。
それは、絵を死と復活の神殿へと変容させた。
私は自分自身を、そして不正だらけの社会を撃っていた。
自分自身の暴力を撃っていた。
自己の暴力を撃つことで、
重荷のように内に抱えこまなくてよくなったのだ。
撃ち続けた2年間、身体の具合が悪い日は1日もなかった。
私にとってこの上もないセラピーだった。

《赤い魔女》を撃つニキ（1963年頃）　photo©Monique Jacot

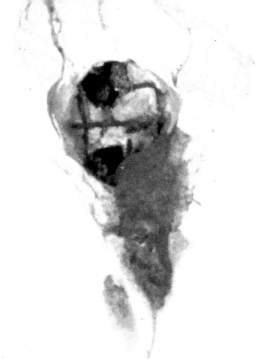

私はジャスパーへのオマージュを作りました。レリーフに、ジャスパー独特の色で塗った標的と電球をつけました。撃って完成させてくれるように頼むと、ジャスパーは何時間も思案した末、ようやく標的に向けて発砲しました。ボブ・ラウシェンバーグは、それとは対照的に数分で撃ち終えてしまい、「赤だ！赤だ！もっと赤が欲しい！」と叫ぶ始末です。

死んだ猫の祭壇
Autel du Chat Mort
1962
plaster, diverse objects, paint, wood
286×250×79cm
Art Gallery & Museum, Glasgow
photo©Laurent Condominas

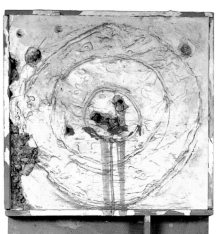

photo©S. Anzai

ロバート・ラウシェンバーグの射撃
Tir de Robert Rauschenberg
1961
plaster, diverse objects, paint, nails, wood
188×55×36cm
Galerie de France, Paris
photo©Laurent Condominas

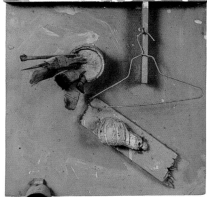

photo©S. Anzai

ジャスパー・ジョーンズの射撃
Tir de Jasper Johns
1961
plaster, diverse objects, paint, nails, wood
117×59×26cm
private collection
photo©Laurent Condominas

ニューヨークの山脈またはニューヨーク・アルプ
Pirodactyl de New York or The New York Alp
1962
plaster, diverse objects, paint, wire netting, wood
250×310×30cm
Galerie de France, Paris
photo © Laurent Condominas

そこに地獄は在り

私は地獄を散策する

地獄　それは物語　私は物語　日々の記録は地獄の鏡　私は鏡

地獄　それは肉体から離れた首　私は肉体のない一個の首

地獄　それは有罪　私は有罪

地獄は罪を産み　私は罪

地獄　それは充満にして　私は窒息

地獄　それはモンスター　私はモンスター

地獄　それは飢餓　私は貪欲なる母

地獄　それは答えのない叫び　私には叫びへの答えもなく

地獄　それは凍え　私はすなわち氷の眼

地獄　それは畏怖　私は地獄を恐れ

地獄　それは誇張　私は誇張

地獄　それは私　私は地獄

The Nanas
大地母神ナナたち

射撃という荒々しいパフォーマンスののちに現れたのが、「花嫁」である。きれいごとはうわべだけ、という気持ちがニキにはある。「女は結婚して夫に仕え子供を産む」という伝統的な価値観のなかで育ったニキは、作品の制作を通して、女性の役割と自分の人生を見つめ直していった。娼婦や魔女など迫害されてきた女性たちの姿を表現し、男社会を糾弾もする。そして、ナナが生まれた。自由と喜びと力に満ちた女神。明るい色彩と、のびやかなフォルムを合わせ持つナナは、すべての女性に向けられた勇気あふれるメッセージである。

挑発することをやめ、もっと内的な、
女性的な世界へと入っていった。
花嫁やハートや出産する女や娼婦
……いろいろな女性の社会的役割を作品にし始めたのだ。
新しい冒険が始まった。

木陰の花嫁
La Mariée sous L'arbre
1963-64
plaster, diverse objects, fabric, yarn, paint, wire netting
228×200×240cm
private collection
photo © Laurent Condominas

馬と花嫁
Le Cheval et la Mariée
1963-64
plaster, diverse objects, fabric, yarn, paint, wire netting
235×300×120cm
private collection
photo © Laurent Condominas

花嫁
La Mariée
1963-92
bronze, veil
200×200×80cm
private collection

私の描く売春婦は、痛めつけられた生け贄です。
磔で両腕を失ってしまった。
切り刻まれてしまった。
助けもなく。

磔刑
Crucifixion or Leto
1963-64
plaster, diverse objects, fabric, yarn, paint, wire netting
245×160×50cm
Musee National d'Art Moderne Centre Georges Pompidou, Paris

出産　それは両性具有
彼女は男性器のごとく子供をつけて
出産　それは女を女神にし
同時に父とも母ともする

ばら色の出産
L'accouchement Rose
1964
plaster, diverse objects, fabric, yarn, paint, wire netting on wood
219×152×40cm
Moderna Museet, Stockholm

彼女たちを何と呼んでいいのか分からなかった。

たぶんナナと呼ばれるのがいいでしょう。なぜかは分からない。

彼女たちはとても陽気だった。

まったく苦痛を伴わない。

彼女たちは踊っていた。

世界中の音楽や音色と踊っていた。

歓喜と踊っていた。

エミール・ゾラの『ナナ』とはぜんぜん関係ない。ただそう名づけただけ。

ナナたちは女性の誇りの象徴だった。

ナナたちは妊娠していた。

大いなる母性の誇りをぜひとも表わしたかったから。

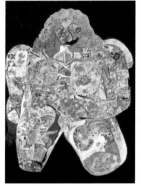

（左から）
ピンク・レディ
Pink Lady
1964
oil, pastel, inks, pencil, rubber stamps, collage on canvas
200×150cm
collection Hirshhorn Museum and Sculpture Garden,
Smithsonian Institution, Washington, D.C.

妊娠したクラリスのポートレイト
──ラリー・リヴァースによるドローイング
Larry Rivers / Portrait of Clarice Pregnant
1964
pencil and ink on paper
collection of Gwynne Rivers

妊娠したクラリスのポートレイト
──ラリー・リヴァースとニキの共作によるドローイング
Larry Rivers + Niki de Saint Phalle / Portrait of Clarice Pregnant
1964
collage, pencil and ink on paper
collection of Gwynne Rivers

仲のよかったアメリカの画家ラリー・リヴァースの妻クラリス
の妊娠した姿が、ナナのインスピレーションの源となっている。
初期のナナは羊毛や布を貼りつけた紙粘土のはりぼてであり、
細密でありながら暖かみを感じさせるテクスチャーと、曲線だ
けで構成されるフォルムが特徴的である。やがてポリエステル
が使われるようになり、野外彫刻や巨大彫刻が可能になった。
この新しい素材を得て、各作品はよりアクロバティックに、また
ユーモラスになり、彩色彫刻としての完成度を高めていった。

ポスターに使われたドローイングのナナは《エリザベス》

1965年、アレクサンドル・イオラスのパリのギャラリーでの個展で初めてナナを発表。素材には、羊毛、木綿糸、紙粘土や金網が使われた。
photo © William Cheney, courtesy Archives Niki de Saint Phalle, Paris

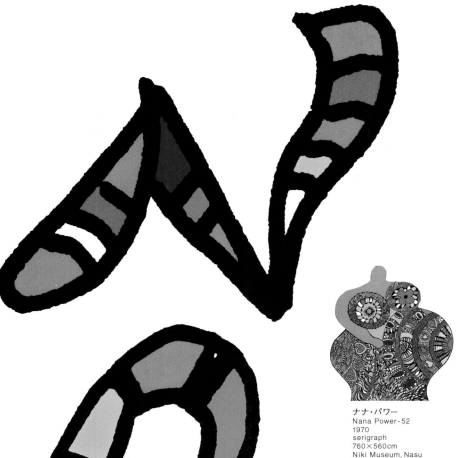

ナナ・パワー
Nana Power-52
1970
serigraph
760×560cm
Niki Museum, Nasu

夢を見るのが好き。空想するのが好き。
夢見るのは円のこと――円、カーブ、ウェーブ、直線。
世界は円。世界は乳房。
直角は愛さない、私を脅かすから。
直角は私を殺そうとする。
直角は殺人者。
直角は刃物。
私はシンメトリーを愛さない。不完全を愛する。
私が描く円は、正しい円ではない。
それが私の選択。完全は、寒々としている。
不完全は命をもたらし、
私は命を愛する。
イマジネーション――私の避難所であり、私の王宮。
イマジネーション――四角と円の、内なる散歩道。
イマジネーション――空にかかる虹。
幸福は想像。
想像は実在する。

羊毛と布地でできたナナの後、戸外の公園や広場の中央に
置けるような巨大な、色彩豊かなナナの制作を夢見ていました。
世界を支配する力をナナに持たせたいと思ったのです。それに
ふさわしい唯一の素材は、ポリエステルであるように思われ
ました。1964年には、まだ誰もこの素材について、そう多く
は知りませんでした。ポリエステルは新しい素材で、実験段階
にあったのです。

かなり後になって、私が肺をほとんどやられてから、この素材が
いかに体に危険であるかを知りました。あやうく命を失うところ
だったのです。

1974年のドイツ、ハノーヴァー展のナナたち──左から《ソフィー》《シャルロッテ》《キャロリーヌ》
Sophie / Charlotte / Caroline
1974
paint, polyester
350×450×500cm, 350×450×500cm, 450×560×600cm
photo © Michiko Matsumoto

**ある人はひと目でナナたちを好きになり、また別の人は嫌悪した。
私はとても大きなナナをいくつかつくった。
大きなナナと並んだ男たちは、とても小さく見えた。**

（左から）
パッチワーク・ナナ
Madeleine or Nana Patchwork
1966
fabric, paint, varnish, wire netting
100cm height
collection of Bloum Cardenas
photo © Michiko Matsumoto

ワルダフ
La Waldaff
1965
fabric, yarn, paint, bamboo, wire netting
268×157×66cm
Musee National d'Art Moderne Centre Georges Pompidou, Paris

BLACK

かつて娼婦や魔女にそのまなざしを向けたニキは、「黒」を
テーマにした作品を数多く制作している。「黒」が表わしている
のはマイノリティーとしての「ブラック」であり、強烈な個性を持
つ色としての「ブラック」でもあるが、自分自身を対象のなかに
同化させていくニキの姿勢は、どのテーマにも一貫している。

「黒」は特別。
私はたくさんの黒い人たちの像をつくってきた。
黒いヴィーナス、黒いマドンナ、
黒い男、黒いナナ。
黒はいつも大切な色だった。
今日、海辺を歩きながら
5歳か6歳くらいの小さな黒人の子が
父親と遊んでいるのを眺めていた。
本当にかわいらしかった。
この経験は私にとってひとつの啓示となった。
今、黒は、ジャマールという黒人の曽孫をもつ
私自身の色でもある。
この新しい経験を、私は喜んでいる。
ジャマールには、フランス、ヴェトナム、ギリシャ、
ベルギー、スコットランド、ロシア、イタリア、
ユダヤ、キューバ、そしてアメリカの血が流れている。
「黒」は、今や私自身でもある。

ブルースを歌う女
The Lady Sings the Blues
1965
fabric, yarn, paint, wire netting
200×150×45cm
private collection
photo © Laurent Condominas

ブラック・ヴィーナス
Black Venus
1965-67
paint, polyester
280×89×61cm
Whitney Museum of American Art, New York

ブラック・ロジー
Black Rosy or My Heart Belongs to Rosy
1965
fabric, yarn, paint, bamboo, wire netting
225×150×85cm
artist's collection
photo © Laurent Condominas

ディア・ダイアリー
Dear Diary
1993
serigraph
80×120.5cm
Niki Museum, Nasu

ICH! ICH! ICH!
「わたし」をめぐる物語

ニキ・ド・サンファルは、作品をつくることによって自分自身を癒していった。男に従属する生き方を強いる母。権力的でありながら、同時に性的な存在である父。本来の自分を押し殺したまま、家庭のなかで窒息寸前までいったニキは、絵を描くことによって自分と対話していく。作品のなかで、自分を追いつめた父を殺し、母の無神経さを戯画化する。そのようにして、両親と自分自身を罵り、慈しみ、憎み、愛したのだ。現実世界での苦悩を乗り越えて大空へ羽ばたくイメージを、ニキは幼ない頃から持ちつづけた。

子供の頃、私は母にも祖母にも、そしておばや母の友人たちにも共感できなかった。みんな、ひどく不幸せそうに見えた。私たちの家は息が詰まりそう。自由もプライバシーもほとんどない空間。私はあの人たちみたいに、家庭を守る主婦にはなりたくなかった。私は世界が欲しかった。そして世界はその頃男のものだった。女たちは家では女王蜂になれたけれど、ただそれだけ。男と女に割り当てられた役割は、どちらにしても厳しいルールに縛られていました。

私の作品は私の自叙伝。現実と私を結ぶ絆。

父の埋葬
Les Funérailles du Père
1971
paint, polyester
woman：230×180×100cm, coffin：70×200×120cm, cross：250×160×40cm
artist's collection
photo © Laurent Condominas

POOR DADDY

ストーリーブック「The Devouring Mothers」より

私が殺したかったのはあなたの目。

すべてを見ていた目。すべてを知っていた目。

獲物を狙っていたあなたの目。

ダディに永遠の命を！

ダディ、私はあなたを殺しました。

もうあなたは私を通してしか、甦れないのです。

私が目を閉じた時だけ、

暗闇の中でふたりは会うことができます。

もう、あなたの方から私を見つめることはできないわ。

だから私は自由。

ダディ、私のエロス、私の死の鳥、私の太陽。

――目を閉じると、あなたが見える。

あなたは暗闇の中で私を見つめ、私を見守っている。

暗闇の中に、私たちは永遠に棲み続けるのでしょうか。

ダディ、私はあなたが憎い！

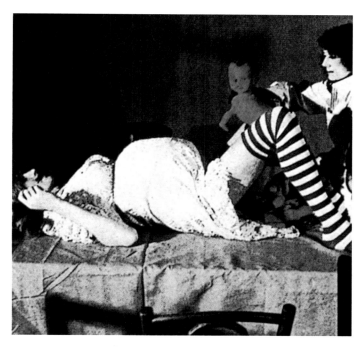

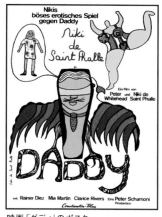

映画「ダディ」のポスター

映画「ダディ」より

この映画は1972年に制作し、73年のカンヌ映画祭で上映された。監督はピーター・ホワイトヘッド。脚本をニキが手がけているのだが、登場する少女の名前アニエスはニキの本名でもあり、自伝的要素が強い作品になっている。画面は、幻想的でサイケデリック。父親に対する愛憎や、家父長制の否定が表現されている。ニキは1971年に実際に父と死別しているが、この映画を制作してはじめてトラウマを乗り越え、本当の意味で父親の問題と決別したのかもしれない。

117

私は1930年生まれ。大恐慌ベビー。

私が母のお腹にいた時、父は財産をすっかりなくしてしまいました。

同時に母は父の不実を知りました。

妊娠中、母は泣きっぱなし。

私は母のその涙を感じていました。

後になって母は、何もかも私のせいだとよく言っていました。

私がトラブルを持ちこんだと。

いただきます
Bon Appétit
1980
paint, polyester
woman：180×120×70cm, table：80×120×125cm, dog：75×35×50cm
private collection
photo © Laurent Condominas

貪る母親
Devouring Mothers
1970
paint, polyester
white woman：90×60×60cm, yellow woman：84×78×70cm, table：80×120×125cm
private collection
photo © Pontus Hulten

母を完全に否定したかったわけではありません。母からもらった
いくつもの楽しい物は取っておきました。それはたとえば、洋服や
ファッションや帽子、おしゃれや鏡を愛することです。母は家中
に鏡を置いていました。何年もたってからイタリアの「タロット・
ガーデン」やパリ郊外のフォンテンブローの森の「キュクロプ
ス」で、主な素材のひとつとして使うことにしたのは鏡でした。
母は音楽、芸術、ごちそうが大好きで、ある種の品格と魅力も
そなえた人でした。こういったものを母から授かったおかげで、
私は自分の女らしさのある部分に留まることができたのです。

ティーパーティーあるいはアンジェリーナの家で
Tea Party or Le Thé chez Angelina
1971
paint, polyester
red woman：173×180×110cm, green woman：194×120×100cm,
table：130cm height 125cm diameter
Museum Moderner Kunst Ludwig, Vienna

若い頃に演劇を学んだニキは、いろいろな形で映画、演劇に
関わってきた。数々のバレエや演劇の舞台美術や、映画のセッ
トを手がけている。これは1968年に上演されたニキの戯曲
第1作「イッヒ」の舞台写真であるが、ニキ自身が舞台装置と
衣装もデザインした。「イッヒ」とは、ドイツ語で「わたし」という
意味。反乱する少女の物語である。

photo © Sepp Bär, courtesy Archives Niki de Saint Phalle, Paris

もうあなたなど要りません。あなたなしでやっていきます。
あなたが私のことを悪く言うのにはとても傷つきましたが、
それが私のためにもなりました。
自分に頼ることを覚えたのです。
他人にどう言われようとどうでも良いことだと思えるようになりました。
おかげで素晴らしい自由を手にしました。
自分自身でいる自由です。
私はあなたの価値観を拒絶し、自分の価値観を創造することにしました。

——母への手紙より——

1972年に制作されたストーリーブック「The Devouring Mothers」より

119

私の作品のなか、男たちはどこにいるか。
恋するとき、男はアニマルになる。
邪悪なとき、男はモンスターになる。
鳥。その翼を描くとき、私は息づく。

ソワジーのモンスター
Le Monstre de Soisy
1962-63
plaster, paint, diverse objects, wire netting, wood
253×161×190cm
private collection
photo © Laurent Condominas

ドラゴン射撃（キング・コングのための習作）
Tir Dragon or Tyrannosaurus Rex
1963
plaster, paint, diverse objects, wire netting, wood
198×122×23cm
private collection
photo © Laurent Condominas

《キング・コング》は1963年にロサンゼルスで作った。私の
もっとも重要な作品のひとつと思っている。レリーフの左側に
は、私自身の生い立ちのひとこまを見ることができる――出産
する女、幼年期、青春時代、愛、結婚。
花嫁は死に嫁ぐ。そうやって女が自分を駄目にする決定に傾い
ていくことを示している。右側には、戦争の光景。ニューヨーク
がロケットと1匹の巨大なモンスターに攻撃されている。これは、
国家次元の問題が、未解決の個人的問題として表れている。
《キング・コング》は、死の蜘蛛が地球の生存者を貪り食って
しまうという醜悪な結末の、ある種の現代メルヘンなのだ。

彼女の作品はどれも物語的であり、さまざまな象徴で満ちてい
るが、それらは何かを暗喩するものとして意図的に描かれてい
るというよりは、ニキの内部から湧き出てくる生きたイメージ
なのだ。ごく初期の作品に、すでにそれらのシンボルの数々が
登場していることが証明するように、ニキは直観に従うことに
よって、異教の神話を紡ぎ出すのである。きわめて現代的な、
そしてきわめて普遍的な神話の数々。登場するのは、蛇、蜘蛛、
鳥、ドラゴン、…そして、モンスター。

キング・コング
King Kong
1963
plaster, paint, diverse objects,
plastic toys, yarns,
wire netting, wood
276×611cm
Moderna Museet, Stockholm
photo © Laurent Condominas

どうして自分の作品の中に、男がほとんど登場しないのかを考えてきました。
男が思いやり深ければ動物や鳥で現れ、ひどいと怪獣になるのです。

ごく幼い頃から、男には力があると分かっていた。
そして私はそれが欲しかった。

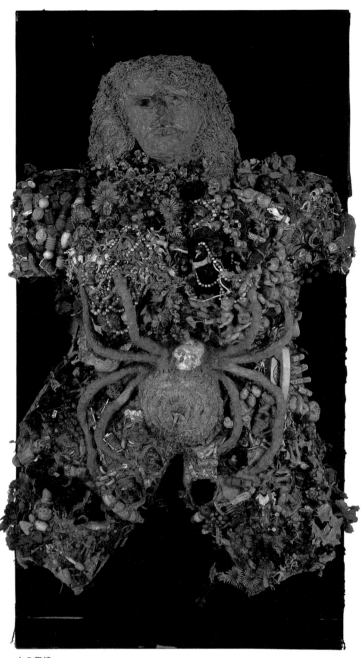

女の祭壇
Autel des femmes
1964
plaster, diverse objects, fabric, yarn, paint, wire netting on wood
250×305×37cm
private collection
photo © Laurent Condominas

全部私のせい
意地悪くて卑しくてけち
いまいましいほど悪い　そう悪い
私は蜘蛛　本当に嫌な蜘蛛　蜘蛛　蜘蛛
でも息を吸いこんで　吸いこんで 吸いこんで
呼吸をしたら
私の頭が開いて　噴き飛んで
魅力的な蛇が出てきた
そして私は透明になった

私ならすべてを見せます。
何でもさらけ出してみせます。
私の心、私の感情。
緑―赤―黄―青―紫。
憎しみ、愛、笑い、怖れ、優しさ。

動物花瓶シリーズ―蛇―
Animal Vase ― snake ―
1977
paint, polyester
43×21×23cm
Niki Museum
photo © Masashi Kuroiwa

映画「怪物は誰かしら?」より、
ハンググライダーで空を飛ぶニキ。
写真提供 パンドラ

不死鳥が再生のために、身を焼き尽くす炎を通り抜けねばならぬように
私も行き着く所まで行かねばと、自分を痛めつけたのです。
心だけでなく、体にも火がつきました。
苦しみを味わい、犠牲を払うことによってのみ、
自由を感じることができます。
鳥のように飛び、永遠を発見したかった。
私はつねに、持続性よりも強烈な瞬間の方を選んできました。

#

ニキのデッサンと手書きの文章による『エイズ 手を握ったっ
てうつらない』は1986年から87年に、ドイツ、イタリア、アメリカ
で出版される。1990年にはフランスエイズ対策協会より『エイズ
うつったりしないよ』が出版されるが、この年は奇しくも世界
エイズ・デイであった。収益はエイズ患者救済組織に寄付され、
ニキのイラストによるアニメーション版は、英仏独テレビの
反エイズコマーシャルに使われたりした。このように、社会
的な関心事にすばやく反応する姿は、射撃絵画の頃からの
一貫したものであるが、エイズに関しては、ニキの友人達や
長年の大切なスタッフ、リカルドをエイズで亡くしたことが
大きなきっかけになっている。

Pest 1986

『ニキ・ド・サンファル』（プレステル社刊）より。

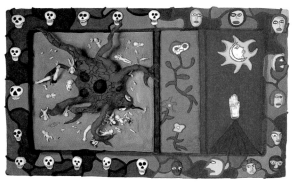

ペスト
La Peste
1986
paint, toy figures, polyester
113×185×30cm
artist's collection
photo © Laurent Condominas

USE A RUBBER

what do you think of these?

It may not be your cup of tea but it will save lives.

コンドームを使おう。

←こんなの、どう？

一杯のお茶とはいかないけれど、
あなたの命を守ってくれる。

CHILDREN CAN

GO TO SCHOOL TOGETHER
PLAY TOGETHER
TAKE A BATH TOGETHER

there is no Risk of getting AIDS!

子供たちは、

一緒に学校へも行けるし、

一緒に遊べるし、

一緒にお風呂に入ることもできる。

そのようにしてエイズが

うつることはまったくない。

there are thousands of people DYING with AIDS ALONE because of IGNORANCE AND FEAR HELP!

エイズにかかった人で孤独に

死んでいく人がたくさんいます。

それは、エイズに対する無知と

根拠のない恐怖心が原因です。

「助けて！」

ドローイング（P.122-123）は、絵本『エイズ』より。

AIDS Tötet

オベリスク
Obélisque
1992
colored glass, mirror, polyester
400cm height
private collection
photo © Laurent Condominas

123

The Cathedrals
理想宮殿

25歳の時、バルセロナでガウディの公園を見た。
その時私は、神の光を見たというあの聖パウロのような気持ちにおそわれた。
人間が幸福でいられるような空間を、
いつの日か自分がつくりあげることが予感された。

理想宮
Le Temple Idéal
1991
paint, mirror, gold leaf, polyester
400×380×340cm
artist's collection
photo © Laurent Condominas

城
Le Château or Leaving Home
c. 1956-58
oil, diverse objects on canvas
200×139cm
artist's collection
photo © Laurent Condominas

私は、ガウディとその頃見つけたばかりだったファクトゥール・シュヴァルのことを話しました。彼らは私の英雄だということ、そして仲介者も美術館もギャラリーもなしで、人からみれば馬鹿げた大建築物にひとりで取り組むのは美しいことだと。あなたは反論しました。芸術は社会の外ではなく中にあるべきだと。それで私は、ファクトゥール・シュヴァルはあなたなんかよりずっと偉大な彫刻家だ、と挑戦的なことを口にしました。

「そんな間抜けの名前なんか聞いたこともないな」と言ったあなたは、「今からそいつに会いに行こう」と主張。

本当に一緒に行ってみて、あなたはその創造的なアウトサイダーにご満悦でした。そして言いました。「君は正しかったよ。彼はぼくより優れた彫刻家だ!」

──ティンゲリーへの手紙より──

ニキはたくさんの建築物を制作しているが、これは、特別な才能を持った立体作家であることの他に、彼女が多くのスタッフをまとめあげることのできる優れたオーガナイザーであることを証明している。ティンゲリーらとつくった《ホーン》をきっかけとして、巨大プロジェクトを次々に実現し、ついには自分の作品で構成する彫刻庭園《タロット・ガーデン》を現実のものとした。

南フランス、オートリーヴにある不思議な城。郵便配達夫シュヴァルが建造した。
理想宮殿──ファクトゥール・シュヴァル
The Facteur Cheval / The Palace Ideal
1879-1912
Hauterives, France

サグラダ・ファミリア──アントニオ・ガウディ
Antonio Gaudi / La Sagrada Familia
1883-
Barcelona, Spain
写真提供　オリオンプレス

天国　それは寺院　それは隠遁所（かくれが）

私は寺院　隠遁所

天国は光に満ち　私は光

天国　それは統一（まとまり）　私は統一

天国　それは鳥　私は鳥

天国　それは花咲く樹　私は花咲く樹

天国　それは四角を食べた円（サークル）　私は四角を食べた円

天国　それはジャングルの中で歓びに踊るナナ　私は踊るナナ

天国　私は空（くう）　私は空

私たちは知る前のアダムとイヴ

私たちは愛

私は愛

天国は実在する　私は実在する

《ホーン》は、私にとって初めての建築制作でした。ホーンは巨大なる女神を表していました。母なる大地、あらゆる売春婦の母、鯨、大聖堂（カテドラル）であり、全能の善き母でした。

私は、イースター・エッグのように、ホーンの全身を喜びの色に染めました。3カ月間ストックホルム近代美術館に展示され、この間10万人の鑑賞者を迎えました。短くも実り豊かな日々を、ホーンは送ったのです。

1966年、ニキ、ティンゲリー、ウルトヴェットは、ストックホルム近代美術館に巨大なナナ「ホーン」（スウェーデン語で"彼女"という意味）を制作した。大きさは、長さ28メートル、幅9メートル、高さ6メートルにもなった。左乳房の中にはプラネタリウム、右乳房の中にはミルク・バー、片方の腕の中には映画館があってガルボの短編第1作が上映され、片方の脚の中には「贋作ギャラリー」など、さまざまな仕掛けがほどこされた迷宮となっている。

横たわるナナは妊娠していて、彼女のお腹からいくつかの階段を昇っていくとテラスにでられます。そしてそこから、彼女の中に入ってくる人たちや、鮮やかに彩られたナナの2本の脚を見渡せるのです。《ホーン》は性器が入口になっていたにもかかわらず、猥褻なところが全然ありませんでした。（中略）彼女はさながら、底抜けのおおらかさと気前の良さで来る者を心地よく受け入れる、巨大な豊饒の女神のようでした。何千人もの来訪者を迎え、吸い込み、そして貪りました。彼女を創造することは驚異に満ちた経験でした。この楽しげな巨大な生き物が、たくさんの来訪者と私にとって、大地母神の再来の夢そのものだったのです。さまざまな家族が、赤ちゃん連れでそろって彼女を見に集まってきました。

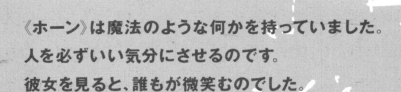

**《ホーン》は魔法のような何かを持っていました。
人を必ずいい気分にさせるのです。
彼女を見ると、誰もが微笑むのでした。**

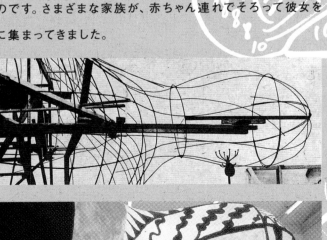

ドローイング・スケッチ、および写真（P.126上段）は『HON―大聖堂―展覧会』（ストックホルム国立近代美術館）より。

初めてナナの家をつくったのは、1967年のこと。
大人のための人形の家。
それは座って夢を見るのにちょうど良い広さ。

ナナ・メゾン
Nana Maison
1967-68
paint, polyester
375×400×300cm
artist's collection
photo©Laurent Condominas

ドラゴン
Le Dragon
1973
600×3340cm
The Garden of Roger and Fabienne Nellens in the Belgian town of Knokke-le-Zoute
photo © Michiko Matsumoto

ベルギーに住むネレンス夫妻の子供たちのためにつくられた。中には遊び部屋、キッチン、バスルームがあり、2階で寝られるようにもなっている。舌は滑り台。目玉は庭を照らす照明用ライト。

エルサレムの《ゴーレム》は、自分でいちばん誇りに思っている彫刻です。エルサレムの貧民街にあり、来る日も来る日も、何百という子供たちが中で遊んだり、夢見たりしているのです。子供たちはこの怪物をすっかり征服してしまいました。

この作品に、あらゆる点でこと細かに測量するような技師はいりませんでした。中世のドーム建築職人の目を持つジャン・ティンゲリーが私の原案を採り上げ、測量をまったくせずに、わたしの求める次元へと仕立てあげることができました。

ゴーレム
Le Golem
1972
900×1400×1000cm
Rabinovitch Park in Kiryat Hayovel, Jerusalem
photo © Leonardo Bezzola

1 2 3 4 5 6
7 8 9 10 11 12
13 14 15 16 17
18 19 20 21
0

one day I had a
dream many many
years ago. I would
make a sculpture garden.

TARot
Major Arcana - Mystery
light dark - symbols - Egypt ?
Moses - Kabala - + - wisdom - magic
sequence - GAME of CARDS
I am the Fool

《タロット・ガーデン》は、タロットカードの「大アルカナ」22の
シンボルをモチーフとした建築物や巨大彫刻が点在する庭園
である。規模の大きさという面からだけではなく、ニキがごく
初期から抱き続けていたいくつものテーマが形となっていると
いう点で、まさにニキの作家活動の集大成といえる。建築家な
ど専門家の助けも、特定のスポンサーというような資本もなし
に、ティンゲリーと共に独自の力でこのプロジェクトを成し遂げた
ニキの力はまさに驚嘆に値するが、ひとりのアーティストが一貫
してやり抜いたからこそ、このような個性あふれる空間が実現
したということも確かだ。ニキがこの大きな夢にむけての現実
的な第一歩を踏み出したのは、1974年にさかのぼる。この年に
ニキはイタリア、トスカナ地方にこの土地を得て、1976年には
構想を練るために、1年間スイスの山地にこもった。1979年に
は現地に移り、ティンゲリーを中心としたスタッフによる骨組み
の制作から開始される。その後作品のひとつである《女帝》に
住み込んで、80年代はほとんどタロット・ガーデンの建設に費
やされた。1965年、ガウディやシュヴァルによって触発され、神
の啓示のごとく自分の製作の未来を予感したというニキの
運命と情熱が、この途方もないプロジェクトを実現させたのだ。
1996年に一応のオープンを迎えたが、その後も手が加え続け
られている。アーティスト、ニキが生きてある限り、《タロット・ガー
デン》は、永遠に未完であると言えるかもしれない。

ある日、もう何年も前のこと、ある夢をみた。

それは私が彫刻庭園をつくる夢だった。

「タロット」

メジャー・アルカナ──神秘

光、闇──象徴──エジプト?

モーゼ──カバラ──十字架、智恵──マジック

シークエンス──トランプ遊び

私は「愚者」

タロット・ガーデン

1980年からの10年間の月日のほとんどを、庭園実現に全身全霊を捧げながらすごしました。自分の夢を彫刻の形で実現しなかったなら、取り憑かれて精神病院行きとなっていたことでしょう。自分自身の霊的ヴィジョンの犠牲となって。

気がついてみたら、生まれ故郷からも家族や友人からもはるか遠く離れて、未知の文化圏で、技術的、経済的問題の山に直面していました。困難のおかげで、視野が広がりました。

彫刻制作にたずさわる地元の職人、電気技師、石工たちの指揮を、学ばねばなりませんでした。これはいつもの、芸術家仲間たちとの仕事関係とは違っていました。

自分で自分の後援者となることには数々の利点がありました。私は自分の船の船長。パトロンに調子を合わせる必要もなし。マイペースで、いつも論理的とは限らない、私自身のやり方で仕事を進めることができました。同時にいくつもの彫刻に取りかかり始めることもあったし。最初からやり直したり、やり方を変えたりもできました。締切もありません。完全な自由。

こんにち私は、これまでの試練は不可欠だったのだと信じています。どんなおとぎ話にも、宝物にたどり着くまでには長い試練があります。ここでの宝物とは「庭園」をつくる特権、そしてそれをつくる必然性への揺るぎない信念。

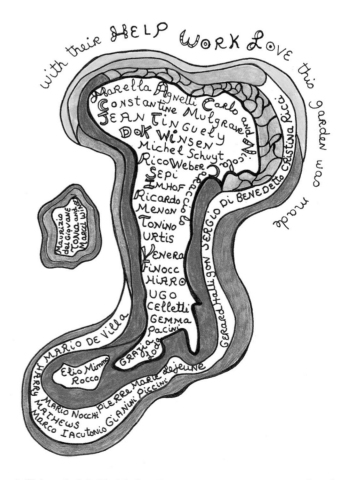

夜になると毎秒ごとに時の流れを感じ、繰り返される長い不眠状態の中で、神は私を本当に愛しているのだ、だからこそ私にこの「庭園」をつくらせたのだ、などと思ったりしました。

この数年、大きな助けとなったのは、イタリアへの深い愛です。イタリアは今や私の第2の故郷。

THE LOVER card NO VI vau - ADAM and EVE

"THE CHOICE"

CARD NO. VI "THE CHOICE" "THE BIG CHOICE" picknic

?

Strength

card NO. XI Caph

THE EMPRESS card NO. 3 The Great Goddess Queen of the Sky Nature Emotion stairs sacred Magic Ishimel

a bench Inside of her is my studio where I live and work. Mother

THE HIGH PRIESTESS

CARD NO.2 intuition, Reflexion memory, word, Scripture.

The sacred Guardian of the Book

THE MAGICIEN

CARD NO. 1 CREATION work is a game concentration without effort Action

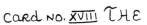

CARD NO. XVIII THE MOON

1 2 3 4
5
6 7 8 9
10
11 12
13
14 15 16
17 18

SUN

moon
stars

quality integrated

GUARDIAN ANGEL
TEMPERANCE CARD NO. XIV
NOUN

《タロット・ガーデン》の作品群は、人間が中に入れる建築物や彫刻から成っている。壮大なスケール感と綿密なディテイルを合わせ持つ、ニキの真骨頂が表現されている。

太陽　The Sun-card XIX

女帝　The Empress-card III

刑死者　The Hanged man-card XII

悪魔　The Devil-card XV

賢人　The Wise Man

塔あるいは神の家　The Tower-card XVI

教皇　The Hierophant-card V

月　The Moon-card XVIII

隠者　The Hermit-card IX

節制　The Temperance-card XIV

死　Death-card XIII

正義　Justice-card VIII

ニキ・ミュージアム
niki museum

東京建築賞優秀賞受賞講評

選考委員会委員長　竹山実（武蔵野美術大学教授）

日本でも知られているニキ・ド・サンファルのワンマン・ミュージアム
で、このアーチストの個性的な作品と、そのためにつくられる建築が
どのように応答するかが、一番興味の寄せられるところだった。

建物は、ホモジニアスな架構のシステムと、繰り返しのリズムで、
ごく真面目なシンタックスで成立している。外装やその仕上げの
素材も、この地域に展開するリゾート施設に比べて、はるかに上質
のもので、周辺の自然景観とその四季の移り変わりを十分に考慮
したもののようだ。加えて開口部の処理やディテールにも、無難に
安定したものを感じさせる。また光や色の処理も、かなり押さえ気味
で、それが逆に劇的な効果をつくりだしている。

こうした空間や形態のモデストな処理は、内部に展示されている
アーチストの作品との対話から意図的に決定されたのだろう。その
意図は十分功を奏し、結果として実現したものには、不思議な緊張
が漂うことになった。あえて譬えるなら、それは真っ向から対話を
回避し、背を向けて無関心を装い、それでも話し合いを拒絶しない
でいるような、不思議な光景である。周辺に展開する自然の景観
とその季節的な変化がこのいわばパラドックスの光景を中和させ、
ある種の混沌としたものを漂わせている。

個性の強いアーチストの作品を盛り上げるために、あえて抑制した
建築の表現性を採用したことが、逆によりインクルーシブな空間
の効果を実現した。これはそうした作者の意図の有効性が十分
伝わる作品である。

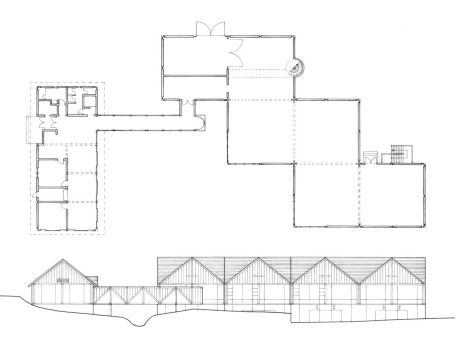

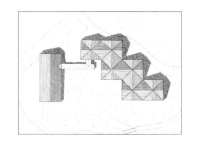

設計　竹中工務店
施工　戸田建設
敷地面積　6,904.87㎡
建築面積　848.79㎡
延床面積　943.59㎡
階数　地下1階　地上2階
構造　鉄筋造　一部鉄筋コンクリート造
工期　1993年5月～1994年9月

photos（P.139、P.141）©Taisuke Ogawa

建設・環境について

スペースプランナー　増田通二

現存作家の個人美術館として構想されたニキ美術館の建築プランは、まず作家自身のデザインということがベストであって、実際ニキから夢のような美術館模型が提案されてきているのに、それが実現できなかったことは痛恨の極みであった。それは、すでに設定されていたロケーションが、色彩・形態等にわたる国立公園法等の規制のもとにあったからなのだが、作家の寛容さのおかげで当美術館が完成できたことを、心から感謝するしだいである。

このような条件下で熟慮の結果、結論として、逆説的な発想に徹することによって正解に近づけることを考えた。作家の特性とは対極にある直線や方形を臆せず使用しながら、それらしか使えないというデメリットをメリットに変える発想をした。一辺10メートルの方形ユニットを、アクロス（斜行）型に組み合わせることによって、視野にワイドさを、回遊導線に種々の変化がつけられると考えた。立体群の間を蛇行しながら360度のアングルで鑑賞していただければと思う。また、10メートルという高さ制限のなかで、この作家の表現テーマである「飛翔感」を生かす必要がある。規制によれば切妻屋根と限定されているが、これは使えない。議論が行き詰まったとき、設計スタッフの土屋邦美氏より「交叉切妻」という案が提示されて、現在の形態が実現した。《グウェンドリン》や《ビッグ・レディ》などの作品が伸びやかにポーズできる吹き抜け空間になり得たと思う。

海抜約700メートル、那須岳の裾に広がる森林地帯の一角に位置する当美術館の環境は、クルミ、クマシデ、ナラ、ブナなどの日本東北部の落葉広葉樹林に囲まれている。樹木60種以上、野草80種以上の植生が観察され、それらが四季の変化をダイナミックに展開していく。

20メートル以上の樹木群は陽光を受けて窓越しに映え、そのシルエットが《大きな蛇の樹》の鏡に反射する。ニキは自然についてのモチーフのなかでも「樹木」を重く考えている。ニキの友人、詩人にして美術評論家であるピエール・レスタニー氏はニキを頌えてこう歌う。

木は神話の中心。植物であれ動物であれ、幹であれ蛇であれ。
木は大自然の紋章、感性の護符、世界のしるし。
木は身体にして精神、知にして生。

（1980年ポンピドゥー・センター「ニキ・ド・サンファル」回顧展カタログより）

photo ©Yukio Yoshimura

ニキ美術館庭園の春夏秋冬

ニキ美術館の庭園には、130余種にのぼる樹木、野草が息づいている。
長屋門から小川とともにのびる美術館建物への小径は、緑に包まれ、
訪れる人々をやさしく迎える。那須の自然を豊かに映し出すこの庭園は、
季節の移り変わりによってドラマティックな変貌をみせる。
まだ雪が残る1月下旬の美術館庭園に、ひょっこり黄緑色の頭を
出しているのが、フキノトウ（蕗の とう）。いちばん始めに春の訪れを
教えてくれる。また、キジが庭園を歩いていたり、
キツツキがこつこつ木を叩いている音が聞こえる。
4月、地面にはカタクリ（片栗）、アズマイチゲ、ヒゴスミレ（肥後菫）が
現われるが、樹木の枝先の芽はまだ固い。鴬の鳴き声が響きわたり、
冬眠から目覚めた蛙が出没する。中旬には、高木の上の方で花が咲く。
コブシ（辛夷）、ハクモクレン（白木蓮）、ヤマザクラ（山桜）である。
また、カエデ（楓）の赤い新芽が目につきだす。目線の高さでは、薄ピンク色の
ミツバツツジ（三葉躑躅）がツツジ科の先頭をきって蕾をほころばせる。
その他、クロモジ（黒文字）、ウグイスカグラ（鶯神楽）、ウメ（梅）、
ショウジョウバカマ（猩々袴）、モミジイチゴ（紅葉苺）が、春を彩る。
5月、初旬から中旬にかけて、ツツジ科の花が満開となる。
特にヤマツツジ（山躑躅）の咲きそろう頃は、訪れる人すべての心を
とらえる見事な眺めとなる。ムシカリやシロヤシオ（白八染）、
クマイチゴ（熊苺）、チゴユリ（稚児百合）に続いて、
サラサドウダン（更紗灯台）、フジ（藤）の花が咲く。
フジやヤマザクラは、花びらをひらりひらりと池に舞い落として、
その開花を知らせてくれる。下旬、ミヤコワスレ（都忘れ）や
アブラツツジ（油躑躅）、ニシキウツギ（二色空木）、ミズキ（水木）が咲き、
小径にはホオノキ（朴木）の白く厚い花びらが落ちる。
6月の初旬、白く小柄で可憐なコゴメウツギ（小米空木）の花が咲く。
中旬、ヤマボウシ（山帽子）、ハクウンボク（白雲木）、エゴノキ（野茉莉）の
花が、新緑に白く冴える。この頃から7月にかけて、白い花びらの縁に
細かい鋸歯のあるナツツバキ（夏椿）、ベニウツギ（紅空木）、ナツハゼ（夏櫨）、
クリンソウ（九輪草）、キショウブ（黄菖蒲）、サツキ（皐月）、
ホタルブクロ（蛍袋）など、さまざまな花が咲き、庭は賑やかになる。
下旬ともなると川面に蛍が舞い、ひと雨ごとに緑は深さを増してゆく。
7月に入ると、ガクアジサイ（額紫陽花）やイヌツゲ（犬黄楊）が咲く。
ムラサキシキブ（紫式部）の小さくて可憐な花も目を楽しませてくれる。
ムシカリやクマイチゴが実をつけ、蝉やとんぼが飛び回り、本格的な夏が
始まる。オカトラノオ（岡虎の尾）が群落をなして咲き、後を追うようにして
甘い香りのヤマユリ（山百合）、黄緑色のウバユリ（姥百合）。
小径の脇に紫色のコバギボウシ（小葉擬宝珠）がひっそりとたたずみ、
ひぐらしの「カナカナ」という声が庭中に響き渡る。

8月初旬、群落をなした背丈の高いオオハンゴウソウ（大反魂草）や
ミズヒキ（水引）、花びらに斑点のあるホトトギス（杜鵑草）が見られる。
中旬になるとシシウド（猪独活）が咲き、この花を求めて蝶、虻、蜂が
集まっている。赤とんぼが見られるようになるのも、この頃である。
8月も終わり頃には、樹木に絡まるつる性の広鐘形のツルニンジン（蔓人参）や
淡黄色の細長い蝶形花のノササゲ（野豇豆）などの珍しい植物に
出会うこともできる。
9月。夏から秋へと、庭は劇的に様変りする。
ススキ（薄）やオトコエシ（男郎花）、ヤマシロギク（山白菊）、
ゲンノショウコ（現の証拠）が咲き、中旬にはヤマトリカブト（山鳥兜）の
青紫色が目立つ。樹木は実をつけ始める。
アオハダ（青膚）の赤い実もかわいらしい。コナラ（小楢）の実、
ドングリの散らばる小径を横切る沢蟹の姿も見られる。

10月に入ると、アブラツツジやヤマウルシ（山漆）の葉がいち早く葉を
赤く染め、緑の中にくっきりと浮かび上がる。
ツリバナ（吊花）やマユミ（真弓）の赤い実、ムラサキシキブの紫色の実、
サワフタギ（沢蓋木）の青藍色の実がなる。
樹木の紅葉は、中旬頃より。紅葉はその土地の環境等に
より色の変化に違いがあるのだが、一般的にコナラは黄色から茶色に、
カジカエデ（梶楓）は赤あるいは黄色に、ヤマモミジ（山紅葉）や
アブラツツジ、ガマズミは赤に、そしてノムラモミジ（野村紅葉）は春から
秋の間に紫紅色だったのが赤く紅葉する。11月上旬のカエデの
紅葉は圧巻である。
12月下旬から2月末まで、庭は一面雪に覆われている。
陽の光が雪の白に反射して眩しい雪面に、樹木の陰が斑模様を
つくるさまには、静かな美しさがある。
どの季節の庭も、それぞれの美しさで感銘を与えてくれる。
館内の窓際の作品たちも、庭の変化に従って雰囲気が変わってくる。
作品とともに、是非庭園も楽しんでいただきたい。

（ニキ美術館　市野千里）

ニキ美術館は、ニキ・ド・サンファル作品のみを展示する
世界で唯一の美術館である。
1980年、東京に開廊されたスペース・ニキを母体として、
1994年に栃木県那須町に開館した。
初期の射撃絵画から最近作までを網羅した立体・平面作品を
収蔵、展示し、ニキ・ド・サンファルの全作家活動に
関する情報を発信している。

ニキ美術館
〒325-0301 栃木県那須郡那須町湯本203
TEL.0287-76-2322　FAX.0287-76-4622

交通案内
●東北新幹線　那須塩原駅（西口）
　バス　那須湯本行　黒磯経由　「一軒茶屋」下車徒歩7分
　　　　　　　　　　　　　　　　「新那須」下車徒歩5分
●東北本線　黒磯駅（西口）
　バス　那須湯本行　黒磯経由「一軒茶屋」下車徒歩7分
　　　　　　　　　　　　　　「新那須」下車徒歩5分
　バス　那須ハイランドパーク行りんどう湖経由「近光荘前」下車徒歩2分
●自家用車利用の場合
　東北自動車道　那須インターチェンジより12km

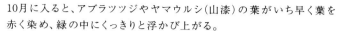

年表 biography

1930		10月29日、パリ郊外で5人兄弟の第2子として生まれる。本名は、カトリーヌ・マリー＝アニェス・ファル・ド・サンファル。
		父は銀行家であったが、同年の大恐慌で仕事と全財産を失う。
		生後すぐ、祖父母の家に預けられる。
1933	3歳	アメリカ、コネチカット州の両親のもとへ。
1937	7歳	一家でニューヨークに移転。聖心修道女学院に通う。この頃までにニキと呼ばれるようになる。
1941	11歳	聖心修道女学院を放校になる。ニュージャージー州プリンストンに移り、祖父母と暮らす。地元の公立学校に通学。
1942	12歳	両親の家に戻り、ニューヨークのブレアリー・スクールに通う。詩や演劇を創作。
1944	14歳	素行不良を理由に修道学校へ転校させられる。
1948	17歳	メリーランド州オールドフィールド校を卒業。
1948	18歳	モデルとして働き、『ヴォーグ』『ハーパース・バザー』『ライフ』各誌の表紙を飾る。
		19歳のアメリカ海兵隊員ハリー・マシューズと駆け落ち。
1950	20歳	ハリーとマサチューセッツ州ケンブリッジに住む。ハリーは音楽を学び、ニキは油彩とグワッシュで絵を描き始める。
1951	21歳	ボストンで、娘ローラ誕生。
1952	22歳	一家でパリに移る。ハリーは音楽の勉強を続け、ニキは演劇を学ぶ。
1953	23歳	重度の神経衰弱を病み、ニースで入院療養。絵を描くことで回復し、芸術家を目指そうと決意する。
1954	24歳	パリに戻り、アメリカ人画家ヒュー・ワイスと出会い、5年間指導を受けるようになる。
1955	25歳	息子フィリップ誕生。ルーブル美術館で、クレー、マチス、ピカソ、ルソーなどの作品に触れる。
		この頃ガウディの《グエル公園》、シュヴァルの《理想宮殿》に出合い、自分自身の「理想宮殿」をつくる決意を得る。
		ジャン・ティンゲリーと妻エヴァ・エペリに出会う。
1956	26歳	ザンクト・ガレンで初個展。ハリーの紹介で、ジョン・アシュベリー、ケネス・コッチなど現代作家と知り合う。

| 1960 | 30歳 | ハリー・マシューズと離婚。ハリーは子供たちと転居し、ニキは芸術活動を続ける。 |

1960　30歳　ハリー・マシューズと離婚。ハリーは子供たちと転居し、ニキは芸術活動を続ける。

年の終わりに、終生のパートナー、ティンゲリーとスタジオを共有し、共に制作をするようになる。

ティンゲリーにストックホルム近代美術館長のポンテュス・フルテンを紹介される。彼は後に《ホーン》などを

プロデュースする。

1961　31歳　2月、第1回の射撃イヴェントが行われ、ヌーヴォー・レアリスト達との交流が始まる。

アムステルダム、ステデリック美術館「情動」展、パリのアメリカ大使館でのパフォーマンス、ニューヨーク近代

美術館「アッサンブラージュ」展などに参加。新聞、雑誌などでも数多く取り上げられる。

1962　32歳　アメリカで初めて「射撃」イヴェントを行い、また、10月にはニューヨークのアレクサンダー・イオラス・ギャラリー

でアメリカ初の個展を開催。

1963　33歳　ロサンゼルスで、《キング・コング》を制作。

ジャン・ティンゲリーと、フランス、ソワジーにアトリエと住居を構える。

花嫁、出産、娼婦、魔女などをテーマにした作品の制作を始める。

1964　34歳　ニューヨークのチェルシー・ホテルで仕事をする。

ロンドン初の個展。

1965　35歳　毛糸や布などを使って「ナナ」の制作が始まる。

パリのアレクサンダー・イオラス・ギャラリーで「ナナ」を発表。

1966　36歳　ティンゲリー、ウルトヴェットと共にストックホルム近代美術館に巨大なナナ《ホーン》を制作。大きな反響を呼ぶ。

ローラン・プティのバレエ「狂気賛歌」とライナー・フォン・ディーツがプロデュースする舞台「リジストラータ」で、

舞台装置や衣装を担当する。

1967　37歳　モントリオール万国博のフランス館に《幻想楽園》を、ティンゲリーと共作。

8月、アムステルダム、ステデリック美術館で初の回顧展が開かれ、《ナナの家》《ナナの噴水》を発表。

新しい素材としてポリエステルを使い始める。

1968	38歳	自作の戯曲「イッヒ」がドイツで上演される。舞台装置と衣装も担当する。
		壁画レリーフ《昨晩夢を見た》を発表。
		ポリエステルが原因の呼吸困難に苦しむ。
1969	39歳	初の建築プロジェクトとして、ライナー・フォン・ディーツの家3種を設計。
1970	40歳	ミラノのヌーヴォー・レアリスト10周年祭のオープニングで射撃を行う。
		17枚シリーズのセリグラフ《ナナ・パワー》を発行。
1971	41歳	ティンゲリーとフランス、ソワジーで結婚。孫娘が生まれる。
		エルサレムに《ゴーレム》を制作。
		初めての宝飾品デザイン。
1972	42歳	映画「ダディ」を制作。翌年、第11回ニューヨーク・フィルム・フェスティバルで上映後、カンヌ映画祭に出品。
1973	43歳	ネレンス邸の庭に子供部屋《ドラゴン》を建設。
1974	44歳	3体の巨大なナナをドイツ、ハノーヴァー市内につくる。
		ポリエステルによる肺病の療養中に、後に《タロット・ガーデン》の土地を兄弟と提供することになる旧友と再会。
		映画「夜よりも長き夢」制作。
1975	45歳	1年間スイスに滞在して《タロット・ガーデン》の構想を練る。
1976	46歳	イタリア、トスカナにてタロット・ガーデンの設計が開始される。
1978	48歳	新シリーズ「スキニーズ（線形彫刻）」創案。
1979	49歳	《タロット・ガーデン》最初の彫刻に着手。
1980	50歳	パリのジョルジュ・ポンピドゥー・センターを皮切りに、大回顧展がヨーロッパ各地を巡回。
		12月、ニキ・ド・サンファルの個人美術館を企図して、東京にスペースニキ開廊。1年間にわたって
		版画、ポスター、映画、彫刻各展を開催。
1981	51歳	《タロット・ガーデン》骨組みの建造。
		オランダ、アムステルダムにて飛行機の外装をデザイン。

1982	52歳	香水の制作（香り、ボトルデザイン）。収益は《タロット・ガーデン》に当てる。
		新シリーズ「スキニーズ」発表。
		《タロット・ガーデン》年末までに骨組みが完成。
		ポンピドゥー・センターのストラヴィンスキー広場の噴水をティンゲリーと共作。翌83年に完成。
		リューマチ性関節炎の発作に襲われる。
1983	53歳	タロット・ガーデン内の《女帝》に移り住む。
1984	54歳	タロット・ガーデンに専念。
1986	56歳	エイズ対策のための絵本を制作、出版。
		5月、スペースニキと佐賀町エキジビット・スペースにて、スペースニキ・コレクションによる大規模な回顧展を同時開催。10月、大津西武百貨店にて、スペースニキ・コレクションによるニキ・ド・サンファル展。
1987	57歳	5月、ミュンヘンで大規模な展覧会「ニキ・ド・サンファル　絵画―彫刻―幻想庭園」展が開催される。
		9月、アメリカで初の大回顧展が開かれる。
1988	58歳	ミッテラン大統領の依頼により、ティンゲリーと共同で《シノン城の噴水》を制作。
		シュナイダー小児医院に蛇の形をした噴水をつくる。
1989	59歳	初めて素材にブロンズを使って、エジプト・シリーズに着手。
		エイズをテーマにしたアニメーション映画を製作。
1990	60歳	フランス・エイズ対策協会より絵本出版、フランス中の学校児童に配布される。
1991	61歳	8月、ティンゲリーが死去。
		ティンゲリーへのオマージュ、初めてのキネティック・アート《メタ・ティンゲリー》制作。
1992	62歳	ボンのドイツ美術センターで大回顧展。後にヨーロッパ各地を巡回。
1993	63歳	5月、栃木県那須町にニキ美術館着工。
1994	64歳	10月6日、ニキ美術館開館。
1996	66歳	《タロット・ガーデン》試験公開。
1998	67歳	《タロット・ガーデン》オープン。

参考文献

ニキ・ド・サンファルに関する文献は、過去約40年間に開催された個展やグループ展のカタログ類、
参加した演劇や舞台のカタログ、大規模プロジェクトの資料、新聞・雑誌等の掲載記事を含めて、数多い。
ここには、今回この本を編集するにあたって直接的に参考にした文献を挙げた。
ニキ・ド・サンファルの作家活動、文献目録などは、1992年にボンのドイツ連邦共和国国立美術館を
皮切りに行われた大回顧展の際に発行されたカタログに詳しい。

『HON─大聖堂─展覧会』
（ストックホルム国立近代美術館 1966年）

『ニキ・ド・サンファル 回顧展』
（ジョルジュ・ポンピドゥー・センター、パリ 1980年）

『ニキ・ド・サンファル 巡回回顧展 1954-80』
（ヴィルヘルム・レームブルック美術館、デュイスブルク／ノイエ・ギャラリー、リンツ／
ニュルンベルク美術館／ヴァルトゼ湖畔ギャラリー、ベルリン／ハノーヴァー美術館 1980年）

『ジャン・ティンゲリー ニキ・ド・サンファル ストラヴィンスキーの噴水 パリ』
（ベンテリー社 1980年）

『ニキ・ド・サンファル』（スペース・ニキ 1986年）

『ニキ・ド・サンファール』（パルコ出版 1986年）

『ニキ・ド・サンファル 絵画─彫刻─幻想庭園』（プレステル社 1987年）

『ニキ・ド・サンファル──射撃…その他の反抗 1961-1964』
（JGMギャラリー、パリ／ギャルリ・ド・フランス、パリ 1990年）

『エイズ 手を握ったってうつらない』（ビシェ社 1990年）

『ニキ・ド・サンファル』（ドイツ連邦共和国国立美術館／ゲルト・ハッチェ出版 1992年）

『ニキ・ド・サン・ファール』（講談社 1994年）

『ニキ・ド・サンファル 映画「ダディ」を見て、ニキを語る』（ニキ美術館編 彩樹社 1997年）

『発情装置』（上野千鶴子著 筑摩書房 1998年）

この本の制作にあたっては、特にNiki de Saint Phalleの全面的なご協力を頂きました。
ここに記して感謝いたします。
また、下記の方々にもご協力頂きました。あわせて謝意を表します。

Janice Parente	石川福夫	小山田修二（ニキ美術館）
Valérie Villeglé	中野葉子	秋葉洋子（ニキ美術館）
Colette le Cléa'ch	野口佐和子	市野千里（ニキ美術館）
Reiko Deblon		
Laurent Condominus		

監修・文／ニキ美術館 館長 増田静江

アートディレクション・デザイン／永井 裕明（N.G. INC.）
デザイン／関 宙明・山本いずみ（N.G. INC.）
編集／井上有紀（tee graphics）
翻訳／中野葉子
撮影／林 雅之（P.14−19、P.22−28、P.34−41、P.48−53、P.72−73、P.76−81、P.138）
黒岩雅志（P.20−21、P.29、P.32−33、P.42−47、P.54−59、P.62−71、P.74−75、P.82−86）
Laurent Condominus（P.10、P.30−31）
講談社（P.60−61）
大塚巧藝社（P.46−47、P.58−59、P.64−65、P.82）

プリンティング・ディレクション／熊倉桂三（凸版印刷株式会社）
製版／石井龍雄（株式会社トッパンプロセス）
市橋直行（凸版印刷株式会社）
タイプセット／エアメイル・スタジオ
写真協力／オリオンプレス

ニキ・ド・サンファル
Niki de Saint Phalle
1998年6月30日 第1刷

発行人／増田通二

発行／ニキ美術館

〒325−0301 栃木県那須郡那須町湯本203
電話 0287−76−2322

発売／株式会社美術出版社
〒101−8417 東京都千代田区神田神保町2−38 稲岡九段ビル8階
電話 03−3234−2151
振替 00150−9−166700

印刷・製本／凸版印刷株式会社